5-7, rue de l'Ecole-Polytechnique, 75005 Paris

www.editions-harmattan.fr

ISBN : 978-2-343-18186-8
EAN : 9782343181868

La fondation de l'humain

Recherche kantienne

Collection « Ouverture philosophique »
Série « Bibliothèque »
dirigée par
Dominique Chateau, Jean-Marc Lachaud et Bruno Péquignot

Une collection d'ouvrages qui se propose d'accueillir des travaux originaux sans exclusive d'écoles ou de thématiques.

Il s'agit de favoriser la confrontation de recherches et des réflexions, qu'elles soient le fait de philosophes « professionnels » ou non. On n'y confondra donc pas la philosophie avec une discipline académique ; elle est réputée être le fait de tous ceux qu'habite la passion de penser, qu'ils soient professeurs de philosophie, spécialistes des sciences humaines, sociales ou naturelles, ou… polisseurs de verres de lunettes astronomiques.

La série « Bibliothèque » comporte des ouvrages qui inaugurent ou complètent la connaissance des philosophes en explorant leur problématique, leur argumentation et leur héritage.

Dernières parutions

Daniel HOROWITZ, *Leibowitz ou l'absence de Dieu*, 2019.
Arno MÜNSTER (en collaboration avec Fabio Mascaro Querido), *Le marxisme « ouvert » et écologique de Michael Löwy. Hommage à un intellectuel « nomade »*, 2019.
Paul DUBOUCHET, *Girard et Tresmontant, balayeurs et constructeurs. Pour le monothéisme*, 2019.
Pascal GAUDET, *Le projet démocratique. Recherche kantienne*, 2018.

Pascal Gaudet

La fondation de l'humain

Recherche kantienne

L'Harmattan

Du même auteur
chez le même éditeur

L'expérience kantienne de la pensée. Réflexion et architectonique dans la Critique de la raison pure, 2001.

Phénoménologie de la réflexion dans la pensée critique de Kant, 2002.

Qu'est-ce que penser ?, 2003.

Kant et le problème du transcendantalisme, 2006.

Le problème de l'architectonique dans la philosophie critique de Kant, 2009.

L'anthropologie transcendantale de Kant, 2011.

Kant et la fondation architectonique de l'existence, 2011.

Penser la liberté et le temps avec Kant, 2014.

Penser la politique avec Kant, 2014.

Philosophie et existence, 2014.

Le problème kantien de l'éthique, 2014.

Qu'est-ce que la philosophie ?, 2016.

L'institution kantienne de l'humanité, 2017.

Kant. Une sagesse pour notre temps, 2018.

Le projet démocratique, 2018.

À Robert et Gisèle Gaudet

Introduction

Les questions de la philosophie en son sens « cosmique », c'est-à-dire de la philosophie définie comme « science du rapport de toute connaissance et de tout usage de la raison à la fin ultime <*Endzweck*> de la raison humaine », « se rapportent » à la question : « Qu'est-ce que l'homme ? »[1] La démarche transcendantale, qui caractérise la pensée de Kant, peut donc s'interpréter comme une entreprise ayant pour but (d'explorer) la fondation de l'humain.

Kant conçoit la « vérité » de l'humain comme tension entre une existence qui « se [désenveloppe] »[2] « [épigénétiquement] »[3] et une essence qui lui est antérieure « transcendantalement ». Le fondationnalisme kantien met au jour à la fois l'*arché* de notre humanité (le principe qui fonde toujours déjà notre existence, principe qui n'est pas créé par l'humain ni donc par le philosophe qui élabore une anthropologie) et son *telos* (sa « destination complète »[4]). L'épigenèse qui fonde (la pensée et l'existence de) l'humain est indissociable du « [désenveloppement] » d'un « germe originaire », désenveloppement qui « a besoin, pour être [mis] en œuvre, d'un schème »[5]. Or, le « schème » qui « « surgit » de l'[Idée] »[6], schème produit *a priori*, c'est-à-

---

[1] Kant, *Logique*, AK. (*Akademie-Ausgabe*, Berlin) IX, 25, trad. L. Guillermit, Vrin, Paris, 1982, p. 25.

[2] Kant, *Critique de la raison pure* (cité *CRP*), AK. III, 540, trad. A. Renaut, GF Flammarion, Paris, 2001, p. 676.

[3] *Ibid.*, AK. III, 128, *o.c.*, p. 218.

[4] *Ibid.*, AK. III, 543, *o.c.*, p. 679.

[5] *Ibid.*, AK III, 539-540, *o.c.*, p. 674-675.

[6] C. Malabou, *Avant demain. Épigenèse et rationalité*, PUF, Paris, 2015, p. 315.

dire épigénétiquement (le schème architectonique est défini par Kant comme « diversité et [...] ordre intrinsèque des parties » qui sont « déterminés *a priori* à partir du principe de la fin »[7]), le schème de l'épigenèse transcendantale, disons-nous, n'est pas « techniquement forgé », « il est sans auteur, automatiquement produit par le concept ou l'idée dont il est l'image » ; il « n'est pas au départ un acte de libre création », « ne dépend [...] pas du bon vouloir du philosophe »[8]. Quant à l'Idée de « l'unité des [...] connaissances » comme « système » constitué « à partir du principe de la fin » de la raison, Idée qui se désenveloppe *a priori*[9], c'est-à-dire épigénétiquement, elle n'est pas davantage créée par une décision du philosophe.

Il ne s'agit donc pas pour Kant d'« élaborer de nouveaux types, de nouvelles sortes de relations à nous-mêmes »[10], de « promouvoir de nouvelles formes de subjectivité »[11], si l'on entend par là la « constitution » d'un « soi » ne « [devant] » pas « se développer conformément à un certain schéma ou un certain modèle »[12] (pour M. Foucault, le « sujet » n'est pas « constitué par la loi, par un appel ou un impératif » ; « il se constitue lui-même par son art [« de l'existence »] et sa pratique [...] il agit sur lui-même [...], se transforme [...] [il] se constitue lui-même en façonnant son existence »[13]). L'humain ne peut, selon Kant, s'instituer en dehors d'une référence fondatrice à cet « absolu » qu'est la « loi morale »[14]. L'exigence « pragmatique » de faire « [entrer] »

---

7 Kant, *CRP*, AK. III, 539, *o.c.*, p. 674.

8 C. Malabou, *Avant demain. Épigenèse et rationalité*, *o.c.*, p. 315-316.

9 Kant, *CRP*, AK. III, 538-539, *o.c.*, p. 674.

10 M. Foucault, *La culture de soi*, Vrin, Paris, 2015, p. 98.

11 M. Foucault, *Dits et écrits* IV, « 306. Le sujet et le pouvoir », D. Defert et F. Ewald (sous la direction de), Gallimard, Paris, 1994, p. 232.

12 M. Foucault, *La culture de soi*, « Débat au département de Philosophie de l'Université de Californie à Berkeley », *o.c.*, p. 115.

13 H. Faes, « Généalogie de l'éthique et christianisme », *Revue d'éthique et de théologie morale*, 2005/1 (n° 233), p. 13.

14 Cf. notre ouvrage *Kant. Une sagesse pour notre temps*, L'Harmattan, Paris, 2018, p. 74-77.

l'existence « dans le jeu » du monde (« avoir l'usage du monde »)[15] se fonde dans la transcendantalité morale. Il n'est pas question de « se créer soi-même sans le recours à la connaissance et [...] [à] [la] [loi] » morale « universelles »[16] (nous reviendrons sur la fondation téléologique, au sens moral, de la connaissance dans l'architectonique criticiste, cf. *infra* III).

Comment procède la pensée kantienne dans sa recherche fondationnelle sur l'existence, si elle ne peut s'appuyer sur aucune « intuition intellectuelle »[17], sur aucun « sens inné »[18] du vrai et du bien, si « la philosophie [...] [ne peut] trouver, ni dans le ciel ni sur la terre, quelque chose à quoi se rattacher ou sur quoi s'appuyer »[19] ? La démarche transcendantale doit être pensée comme l'œuvre de la « réflexion transcendantale » qui, comme « acte par lequel je rapproche la comparaison des représentations en général de la faculté de connaissance où elle trouve sa place, et par lequel je distingue si c'est comme appartenant à l'entendement pur ou à l'intuition sensible qu'elles sont comparées les unes aux autres »[20], s'articule à la « raison » (pratique)[21] et à son « auto-saisie du spirituel »[22] (la

---

[15] Kant, *Anthropologie du point de vue pragmatique*, AK. VII, 119-120, trad. M. Foucault, Vrin, Paris, 2009, p. 83-84.

[16] M. Foucault, *Dits et écrits* IV, « 344. A propos de la généalogie de l'éthique : un aperçu du travail en cours », entretien avec H. Dreyfus et P. Rabinow, trad. G. Barbedette et F. Durand-Bogaert, « entretien [...] [réélaboré] » par M. Foucault à partir de la « traduction française », *o.c.*, p. 618.

[17] Kant, *D'un ton grand seigneur adopté naguère en philosophie*, AK. VIII, 389, trad. L. Guillermit, Vrin, Paris, 1975, p. 89.

[18] Kant, *Métaphysique des mœurs* I, *Fondation*, AK. IV, 425, trad. A. Renaut, GF Flammarion, Paris, 1994, p. 104.

[19] *Ibid.*, AK. IV, 425, *o.c.*, p. 103-104.

[20] Kant, *CRP*, AK. III, 215/IV, 169, *o.c.*, p. 310.

[21] Kant, *Métaphysique des mœurs* I, *Fondation*, AK. IV, 425-426, *o.c.*, p. 104.

[22] J.-C. Goddard, « Métaphysique et schizophrénie (sur Kant et Swedenborg) », *Les Carnets du Centre de Philosophie du Droit*, n° 75, 1999, p. 16.

conscience de la loi morale), réflexion transcendantale qui, en outre, s'articule au jugement réfléchissant (au sens de la troisième *Critique*), et ce, dans la « [production] » même des « [jugements déterminants] »[23].

Mais que faut-il entendre, plus précisément, par « réflexion transcendantale » ?

Kant ne produit pas une « *théorie-sur* », dans la mesure où le *désenveloppement* épigénétique de l'existence peut bien plutôt être pensé comme ce qui « [laisse] s'expliciter la *vérité-de* la chose », pour reprendre un propos hégélien de G. Lebrun[24]. Kant ne « [réfléchit] » pas davantage *sur* le transcendantal, au sens d'une « réflexion « sur » » qui serait incapable de « faire elle-même le mouvement »[25]. En effet, comme nous le verrons (cf. *infra* II), la pensée transcendantale est, chez Kant, pensée de la genèse de l'existence du sujet humain. Mieux, l'existence humaine, pour Kant, jaillit, comme mouvement, de ce que nous appellerions l'acte transcendantal. La pensée kantienne du transcendantal peut être tenue, nous y reviendrons, non pour une « pensée *sur* » un transcendantal « par avance [donné] »[26], mais pour une *pensée* (au sens kantien de ce qui n'est pas une connaissance) du mouvement transcendantal toujours jaillissant...

Le *telos* moral qui « fonde », sur le mode du jugement réfléchissant, l'architectonique criticiste préserve le sujet kantien de toute « [plongée] en eaux profondes »[27], si l'on entend par là « ces eaux [...] où rien ne se tient [...] et où,

---

[23] Cf. O. Chédin, *Sur l'esthétique de Kant*, Vrin, Paris, 1982, p. 30 ; sur l'hypothèse d'une « première ascendance » réfléchissante de la réflexion transcendantale, cf. p. 282.

[24] G. Lebrun, *Kant et la fin de la métaphysique*, Le Livre de Poche, Paris, 2003, p. 15.

[25] G. Deleuze et F. Guattari, *Qu'est-ce que la philosophie ?*, Minuit, Paris, 2011, p. 166.

[26] A. Coignard, « Plonger en eaux profondes : la réduction phénoménologique hyperbolique de Marc Richir », *Eikasia*, n° 47, 2013, p. 171.

[27] *Ibid.*, p. 169.

corrélativement, personne ne saurait se tenir : aucun sujet constitué qui tiendrait la barre de sa pensée »[28]. La pensée de Kant produit « *a priori* », c'est-à-dire épigénétiquement, ses « premiers principes »[29], épigenèse indissociable d'une auto-réflexion transcendantale de son « effectivité » et de son pouvoir de « représentation »[30]. Le sujet pensant explore le principe transcendantal qui, à chaque instant, le fait jaillir et qui le constitue, tel un « schématisme » de la subjectivation. Ce « schématisme » transcendantal, dont nous nous proposons de préciser le sens (cf. *infra* II), doit être distingué du « schématisme phénoménologique » au sens richirien, schématisme défini comme « ce en quoi se phénoménalisent les phénomènes, [...] ce qui les « figure » de façon foncièrement instable »[31], schématisme qui, comme « invention sans anticipation et découverte sans souvenir », pourrait s'« [imaginer], à la limite, comme une sorte d'improvisation pure, à l'aveugle, sans *archè* ni *télos* »[32], schématisme qui n'a lui-même rien de commun avec le schématisme esthétique « sans concepts »[33] au sens kantien, lequel s'inscrit dans la « topique »[34] architectonique et se constitue selon l'Idée morale de la téléologie architectonique. Comme nous le verrons, le schématisme transcendantal que nous reconnaissons comme « foyer originaire », dirait O. Chédin[35], de l'existence (cf. *infra* II) « contient », en tant que principe du « concept scientifique de la raison », « le but et la forme du tout qui est congruent avec ce but »[36], c'est-à-

---

[28] *Ibid.*, p. 171.
[29] Kant, *CRP*, AK. III, 128, *o.c.*, p. 219.
[30] F. Pierobon, *Kant et la fondation architectonique de la métaphysique*, Millon, Grenoble, 1990, p. 136.
[31] M. Richir, *Fragments phénoménologiques sur le temps et l'espace*, Millon, Grenoble, 2006, p. 9.
[32] *Ibid.*, p. 184-185.
[33] Kant, *Critique de la faculté de juger* (cité *CJ*), AK. V, 287, trad. A. Renaut, GF Flammarion, Paris, 2000, p. 271.
[34] Kant, *CRP*, AK. III, 219/IV, 174, *o.c.*, p. 314.
[35] O. Chédin, *Sur l'esthétique de Kant*, *o.c.*, p. 282.
[36] Kant, *CRP*, AK. III, 539, *o.c.*, p. 674.

dire n'a d'autre « fondement » (*Grund*)[37] que l'Idée de la « fin finale » (*Endzweck*)[38] de l'existence.

Si donc la fondation de l'humain s'entend, dans le criticisme kantien, comme « [désenveloppement] »[39] épigénétique d'une « pragmatique »[40] transcendantale, comment penser cette articulation de l'existence et de l'essence ? Qu'en est-il de ce « lieu obscur, transcendantal, en lequel la pensée s'est donné l'autonomie pour principe »[41], et que la pensée criticiste a reconnu, par décision réflexive transcendantale, comme « [lieu] de fondation de l'humanité »[42] ?

---

[37] *Ibid.*, AK. III, 539, *o.c.*, p. 675.
[38] *Ibid.*, AK. III, 543, *o.c.*, p. 679.
[39] *Ibid.*, AK. III, 540, *o.c.*, p. 676.
[40] Kant, *Anthropologie du point de vue pragmatique*, AK. VII, 119, *o.c.*, p. 83.
[41] A.-M. Roviello, *L'institution kantienne de la liberté*, Ousia, Bruxelles, 1984, p. 41.
[42] *Ibid.*, p. 46.

Chapitre I
Approche du transcendantal

La déduction « subjective », au sens où l'entend Kant dans la préface de la première édition de la *Critique de la raison pure*, vise la fondation transcendantale du « pouvoir de penser »[1]. Il s'agit, autant qu'il est possible, de « mettre à découvert devant nos yeux », comme dit Kant à propos de la recherche sur le schématisme de l'entendement pur[2], « comment est possible le pouvoir de penser », « l'entendement pur » étant « [considéré] [...] quant à sa possibilité et quant aux facultés de connaître sur lesquelles il repose »[3]. Il est ainsi question de la fonction schématisante de l'esprit (*Gemüt*), soit de l'« acte » de l'imagination transcendantale, acte que « préside » l'« entendement » en son « pouvoir législateur »[4].

« [L']imagination transcendantale fait que les catégories se temporalisent »[5], ce qui rend possible leur « [représentation] à la conscience »[6], donc l'effectivité de la pensée en tant que « penser inclut un réfléchir qui, lui-même, ne peut se produire que dans le temps »[7]. Le problème est donc celui du passage de la « raison pure » (qui, « en tant que

[1] Kant, *CRP*, AK. IV, 12, *o.c.*, p. 68.
[2] *Ibid.*, AK. III, 136, *o.c.*, p. 226.
[3] *Ibid.*, AK. IV, 11-12, *o.c.*, p. 68.
[4] G. Deleuze, *La philosophie critique de Kant*, PUF, Paris, 1983, p. 29.
[5] J. Rivelaygue, *Leçons de métaphysique allemande* II, Grasset, Paris, 1992, p. 107.
[6] *Ibid.*, p. 138.
[7] Kant, *La fin de toutes choses*, AK. VIII, 334, trad. F. Proust, GF Flammarion, Paris, 1994, p. 117.

pouvoir simplement intelligible », « n'est pas soumise à la forme du temps »)[8] à la temporalité du contenu représenté, du sujet appréhendé comme « sujet transcendantal des pensées »[9] à sa « [réflexion] »[10] dans le sens interne. Ainsi, le problème de la temporalisation du penser (et de l'existence, cf. *infra* II) requiert d'explorer les « profondeurs de l'âme humaine »[11], de viser les « premiers soubassements de la possibilité de notre connaissance en général »[12].

Or, il apparaît à la réflexion transcendantale que le « temps est [...] purement et simplement une condition subjective de notre (humaine) intuition [...] et [qu']en lui-même, en dehors du sujet, il n'est rien »[13]. Le pouvoir de penser est-il donc hors du temps ou est-il le temps lui-même, s'il est vrai que « le Je [...] (de l'aperception pure) »[14] est, comme le temps (qui « ne s'écoule pas »[15], qui est « immuable et stable »[16], qui « demeure et ne change pas »[17]), « fixe et permanent »[18], « immuable »[19] ? Si, en effet, « le temps [...] dans le sujet [...] est tout »[20] (lui qui n'est « rien [...] en dehors du sujet »[21]), cela doit signifier

[8] Kant, *CRP*, AK. III, 137/IV, 102, *o.c.*, p. 228.

[9] *Ibid.*, AK. III, 265, *o.c.*, p. 400.

[10] Kant, *La fin de toutes choses*, AK. VIII, 334, *o.c.*, p. 117.

[11] Kant, *CRP,* AK. III, 136, *o.c.*, p. 226.

[12] *Ibid.*, AK. IV, 76, *o.c.*, p. 179.

[13] *Ibid.*, AK. III, 60/IV, 38, *o.c.*, p. 129.

[14] *Ibid.*, AK. IV, 91, *o.c.*, p. 193, cité par M. Heidegger, *Kant et le problème de la métaphysique*, trad. A. de Waelhens et W. Biemel, Gallimard, Paris, 1981, p. 247.

[15] *Ibid.*, AK. III, 137/IV, 102, *o.c.*, p. 228, cité par M. Heidegger, *Kant et le problème de la métaphysique*, *o.c.*, p. 247.

[16] *Ibid.*

[17] *Ibid.*, AK. III, 162/IV, 124, *o.c.*, p. 253, cité par M. Heidegger, *Kant et le problème de la métaphysique*, *o.c.*, p. 247.

[18] *Ibid.*, AK. IV, 91, *o.c.*, p. 193, cité par M. Heidegger, *Kant et le problème de la métaphysique*, *o.c.*, p. 247.

[19] *Ibid.*, AK. IV, 81, *o.c.*, p. 184.

[20] M. Heidegger, *Kant et le problème de la métaphysique*, *o.c.*, p. 242.

[21] Kant, *CRP*, AK. III, 61/IV, 38, *o.c.*, p. 129, cité par M. Heidegger, *Kant et le problème de la métaphysique*, *o.c.*, p. 242.

que le temps surgit « au fond de nous-mêmes »[22]. Ne saisirions-nous pas alors le temps à un niveau plus originaire que celui d'une Esthétique transcendantale, mais aussi que celui de l'imagination transcendantale temporalisatrice ? Plus précisément, ne saisirions-nous pas le temps à la *racine* (cf. *infra* ce I) du pouvoir de l'esprit, c'est-à-dire dans une antériorité transcendantale au « pouvoir de connaître »[23], ce qui inclurait, contrairement à la thèse heideggerienne, l'imagination transcendantale elle-même (cf. *infra* II) ?

Si la déduction « subjective » vise l'essence la plus originaire du transcendantal, cela signifierait, dans une perspective heideggerienne, qu'elle vise la « subjectivité du sujet qui se transcende »[24]. La déduction « subjective » serait « dévoilement de la transcendance qui produit l'orientation essentielle de la subjectivité finie vers toute objectivité »[25]. En ce sens, son problème ne serait autre que le « problème critique »[26] lui-même, soit le problème du « fondement sur lequel repose la relation de ce que l'on nomme en nous représentation à l'objet »[27]. Comment donc le sujet peut-il exister *comme tel*, soit dans et comme l'« orientation originelle » par laquelle il « se propose un domaine d'ouverture à l'intérieur duquel quelque chose pourra lui « correspondre » » et qu'il « [laisse] s'ob-jeter »[28] ?

Mais si, conformément à notre hypothèse, la déduction « subjective » vise le temps à un niveau plus originaire que celui du temps « impliqué essentiellement dans la structure intrinsèque de la transcendance »[29] en tant que cette « constitution originelle de l'essence de l'homme » est pensée comme « « enracinée » dans l'imagination

---

[22] *Ibid.*, AK. III, 119, *o.c.*, p. 209.
[23] Kant, *CJ*, AK. XX, 246, *o.c.*, p. 136.
[24] M. Heidegger, *Kant et le problème de la métaphysique*, *o.c.*, p. 221.
[25] *Ibid.*, p. 222.
[26] J. Rivelaygue, *Leçons de métaphysique allemande* II, *o.c.*, p. 57.
[27] Kant, *Lettre à Marcus Herz* (21 février 1772), AK. X, 130, trad. A. Philonenko, Vrin, Paris, 1995, p. 132.
[28] M. Heidegger, *Kant et le problème de la métaphysique*, *o.c.*, p. 129.
[29] *Ibid.*, p. 243.

transcendantale »[30], comment penser ce temps le plus originaire de la subjectivité ?

*

La fondation de l'existence humaine est fondation d'une finitude qui se définit comme réflexion (au sens du jugement réfléchissant) infinie sur le sens, « interrogation du [...] [transcendantal] comme ouverture de la possibilité du sens »[31].

Le « transcendantal » au sens kantien « peut être compris soit comme un pur et simple synonyme d'*a priori*, « absolument indépendant de toute expérience », soit – si on veut l'en distinguer – comme la [...] connaissance [...] « qui s'occupe en général moins d'objets que de notre mode de connaissance des objets, en tant que celui-ci doit être possible *a priori* » [...] « [transcendantal] » [désignant] alors la « possibilité ou [l']usage *a priori* de la connaissance » »[32]. Au sens le plus large, le transcendantal désigne, chez Kant, l'origine, disons la « racine »[33], de notre humanité, s'il est vrai que « l'image de [la] racine commune, [...] dans la mesure où elle s'enfonce dans le sol, connote une certaine opacité et conserve quelque chose d'insondable »[34], ce qui semble bien correspondre à ce que requiert l'insondable du transcendantal lui-même, qu'il soit saisi dans ses dimensions théorique (que l'on songe au « schématisme de notre entendement relativement aux phénomènes et à leur simple forme », lequel est désigné par Kant comme un « art caché dans les profondeurs de l'âme humaine, dont nous arracherons toujours difficilement les vrais mécanismes à la

---

[30] *Ibid.*, p. 217.

[31] M. Goldschmit, « Vers l'énigme du transcendantal », *Revue de métaphysique et de morale*, 2016/4, N° 92, p. 548.

[32] C. Malabou, *Avant demain. Épigenèse et rationalité*, *o.c.*, p. 5-6 ; les passages entre guillemets sont extraits de : Kant, *CRP*, B3, A 11-12, A 56/B 80 (notes 1, 2 et 3, *in* C. Malabou, *o.c.*, p. 6).

[33] Kant, *CRP,* AK. III, 46, *o.c.*, p. 113 ; AK. III, 540, *o.c.*, p. 676.

[34] C. Piché, *Kant et ses épigones*, Vrin, Paris, 1995, p. 106.

nature »[35]) ou pratique (« ce qu'il y a d'insondable dans l'Idée de liberté »[36]).

Certes, « la métaphore de la source vive »[37] se reconnaît dans l'expression « *Einsicht in die Quellen* »[38], la « vision des sources [de la vérité] » « [produisant] [...] la compréhension de la vérité du point de vue de son articulation avec les fondements de sa possibilité »[39]. Toutefois, la « démarche ostensive »[40] de la déduction transcendantale doit s'entendre dans le sens d'un usage non pas « intuitif » (procurant une certitude de type mathématique)[41], mais « discursif »[42] de la raison. En ce sens, on peut dire que « Kant n'élève aucune prétention à la fondation ultime de son discours »[43]. Ainsi, « le transcendantal, bien que défini comme condition originaire, [...] peut [-il] rendre compte de sa provenance »[44] ? Si « [une] vraie déduction devrait exhiber la manière dont le transcendantal se forme lui-même, se constitue lui-même comme condition des formes de la pensée [...] [,] cet acte d'auto-position [...] ou d'auto-légitimation » n'est-il pas « absent de la Déduction transcendantale »[45] ? La « synthèse » transcendantale est-elle donc un « fait »[46] que la déduction kantienne ne peut légitimer ? Nous y reviendrons (cf. *infra* III et IV). Mais, à supposer même que la recherche

---

[35] Kant, *CRP,* AK. III, 136/IV, 101, *o.c.*, p. 226.

[36] Kant, *CJ,* AK. V, 275, *o.c.*, p. 258.

[37] C. Piché, *Kant et ses épigones*, *o.c.*, p. 106.

[38] Kant, *CRP,* AK. III, 513, cité par C. Piché, *Kant et ses épigones*, *o.c.*, p. 106.

[39] *Ibid.*, AK. III, 513-514, *o.c.*, p. 649.

[40] C. Piché, *Kant et ses épigones*, *o.c.*, p. 107.

[41] Cf. notre ouvrage *L'expérience kantienne de la pensée. Réflexion et architectonique dans la* Critique de la raison pure, L'Harmattan, Paris, 2001, p. 89.

[42] C. Piché, *Kant et ses épigones*, *o.c.*, p. 107.

[43] *Ibid.*, p. 106.

[44] C. Malabou, *Avant demain. Épigenèse et rationalité*, *o.c.*, p. 7.

[45] *Ibid.*

[46] *Ibid.*

transcendantale nous oriente vers « l'espace de possibilité du système »[47], mais au sens d'un espace qui ne saurait « rendre raison de sa propre possibilité »[48], est-ce là une raison pour vouloir « [abandonner] le transcendantal », conformément au « mot d'ordre de la nouvelle pensée post-critique »[49] ?

L'Idée du transcendantal n'est-elle pas appropriée, quand il s'agit de penser notre humanité, précisément en tant qu'elle serait l'Idée de ce qu'il y a d'insondable dans notre humanité, l'« énigme inscrutable » de notre « moi » et des « horizons de son sens, à savoir son immortalité, sa liberté, et la divinité »[50], l'énigme de cet « appel infini au sens »[51], de cette « question du sens comme sens à faire en commun » (nous y reviendrons, cf. *infra* III et IV), de cet « appel de sens »[52] que Kant fonde dans l'Idée morale de Dieu ? Ainsi, la réflexion (au sens du jugement réfléchissant) sur le transcendantal s'ouvrirait à l'insondable « indéterminité » qui est au « fondement »[53] de l'humain (« le sujet transcendantal n'est rien de déterminé, il n'est pas une réalité empirique situable ou spatialisable »[54], ce qui vaut tout autant pour la transcendantalité des formes de la sensibilité). L'Idée du transcendantal serait l'Idée du « fond » « sans fond »[55] de l'humanité. Elle dirait notre humanité comme

---

[47] J. Derrida, *Glas. Que reste-t-il du savoir absolu ?* Denoël/Gonthier, Paris, 1981, p. 227 a, cité par C. Malabou, *Avant demain. Épigenèse et rationalité*, *o.c.*, p. 7.

[48] C. Malabou, *Avant demain. Épigenèse et rationalité*, *o.c.*, p. 7.

[49] *Ibid.*, p. IX.

[50] M. Richir, *La crise du sens et la phénoménologie*, Millon, Grenoble, 1990, p. 125.

[51] M. Richir, *Du sublime en politique*, Payot, Paris, 1991, p. 201.

[52] A.-M. Roviello, « Marc Richir. Du sublime en politique », *Esprit*, Mai 1992, p. 199-200.

[53] *Ibid.*, p. 199.

[54] M. Goldschmit, « Vers l'énigme du transcendantal », *o.c.*, p. 550.

[55] M. Richir, *Recherches phénoménologiques* II, Ousia, Bruxelles, 1981, p. 169.

transcendant(al)e à toute « simple présence empirique », à tout « [sens] toujours déjà constitué »[56].

L'entreprise transcendantale kantienne est-elle « [inscrite] dans l'immanence *a priori* de la profondeur abyssale de la subjectivité », au sens où la « notion » du « transcendantal » serait « détournée de manière révolutionnaire par Kant de toute transcendance théologique »[57] ? Est-elle fondée, comme nous le soutenons[58], dans l'Idée d'une théologie rationnelle, morale ? En toute hypothèse, penser la fondation de l'humain requiert, selon Kant, d'« ouvrir une recherche à partir d'une analyse [...] de l'énigme du transcendantal, de ce qu'il ouvre et de ce qu'il limite au-delà de l'analyse et de l'analysable », de « se [tourner] vers la profondeur de l'énigme, vers son obscurité et vers la nécessaire question de la lumière transcendantale, qui est toujours présupposée »[59].

---

[56] A.-M.Roviello, « Marc Richir. Du sublime en politique », *o.c.*, p. 199-200.

[57] M. Goldschmit, « Vers l'énigme du transcendantal », *o.c.*, p. 552-553.

[58] Cf. notre ouvrage *Kant. Une sagesse pour notre temps*, *o.c.*, p. 68-75.

[59] M. Goldschmit, « Vers l'énigme du transcendantal », *o.c.*, p. 556.

Chapitre II
Le schématisme transcendantal

Le transcendantal chez Kant n'est pas réductible à une méthode de constitution de la métaphysique comme science. Mettre au jour ce qui rend possibles les jugements synthétiques *a priori*, ce n'est pas proposer une méthode qui n'aurait de consistance que « logique ». Tel est le sens de la distinction opérée par Kant entre la logique « générale » et la logique « transcendantale ». La logique transcendantale n'est pas le simple remaniement d'une logique qui faisait « abstraction [...] de tout contenu de la connaissance »[1]. La logique transcendantale « a devant elle un divers de la sensibilité *a priori* que l'esthétique transcendantale lui offre pour donner une matière aux concepts purs de l'entendement »[2]. À la vérité, la logique transcendantale est, au même titre que l'esthétique transcendantale, ce qui fonde non pas seulement la connaissance, mais l'existence humaine, laquelle se manifeste comme finitude d'un sujet sensible et rationnel, « affecté »[3] et pensant (« spontanéité des concepts »[4]). Aussi avons-nous proposé[5] de penser les *a priori* transcendantaux de l'architectonique criticiste comme les structures de l'existence (proprement) humaine, ce en quoi nous retrouvions, *mutatis mutandis*, une intuition

[1] Kant, *CRP*, AK. III, 90/IV, 63, *o.c.*, p. 161.
[2] *Ibid.*, AK. III, 91/IV, 64, *o.c.*, p. 161.
[3] Kant, *Lettre à Marcus Herz* (21 février 1772), AK. X, 130, *o.c.*, p. 132.
[4] Kant, *CRP*, AK. III, 74/IV, 47, *o.c.*, p. 143.
[5] Cf. notre ouvrage *Kant et la fondation architectonique de l'existence*, L'Harmattan, Paris, 2011, p. 66-72.

heideggerienne[6] : « l'esthétique transcendantale de la *Critique de la raison pure* de Kant consiste […] en l'analyse des conditions de possibilité de l'expérience, c'est-à-dire de l'existence. C'est Heidegger qui l'a montré dans le *Kant-Buch* : l'expérience c'est l'existence », E. Escoubas poursuivant son propos en évoquant « l'analytique heideggerienne du Dasein où il s'agit pour Heidegger de mettre au jour les « existentiaux » – c'est-à-dire les modes de l'existence (et de l'expérience) »[7].

La théorie transcendantale peut être interprétée comme l'Idée de l'existence en tant que fondée dans la possibilité du « sens ». « [Qu]'« il y ait » pour nous », qu'« il y [ait] sens, *Sinn* », c'est-à-dire que « le monde ne soit pas muet, mais toujours déjà signifiant »[8], cela fonde transcendantalement[9] le pouvoir de penser, c'est-à-dire de constituer la « signification [*Bedeutung*] » comme ce qui « [fournit] un concept de l'objet »[10], comme acte de « rendre sensible [le] concept abstrait », de « présenter dans l'intuition un objet qui lui corresponde »[11]. Or, si « nous [vivons] sous le régime de la signification »[12], c'est en tant que nous nous instituons comme sujets de (ou dans) la fonction schématisante, laquelle constitue « l'horizon du « rapport à l'objet », c'est-à-dire de la signification (*Bedeutung*) »[13]. Mais qu'en est-il de l'origine transcendantale de la question du « sens », c'est-à-dire de l'origine de notre existence comme mouvement d'une réflexion (au sens du jugement réfléchissant), qui doit être incessante, vers l'Idée du « sens » (cf. *supra* I et ce II) ? Et comment l'existence peut-elle persister dans le (et

---

[6] *Ibid.*, p. 83 ; cf. également notre ouvrage *L'institution kantienne de l'humanité*, L'Harmattan, Paris, 2017, p. 25.

[7] E. Escoubas, « Maldiney – La peinture et le rythme », p. 2, 8 novembre 2014. [En ligne], https : //www.henri-maldiney.org

[8] J. Benoist, *Kant et les limites de la synthèse*, PUF, Paris, 1996, p. 25.

[9] *Ibid.*

[10] Kant, *CRP*, AK. III, 139/IV, 104, *o.c.*, p. 230.

[11] *Ibid.*, AK. III, 204-205/IV, 157, *o.c.*, p. 296.

[12] J. Benoist, *Kant et les limites de la synthèse*, *o.c.*, p. 25.

[13] *Ibid.*

comme) temps ? Comment donc penser une architectonique du transcendantal, c'est-à-dire du temps de la subjectivité, architectonique qui fonderait l'articulation du transcendantal réfléchissant (au sens du jugement réfléchissant) et du transcendantal (déterminé et) déterminant, les catégories acquérant une « signification » autre que « logique »[14] dans ces « déterminations transcendantales du temps »[15] que sont les schèmes ?

*

Nous avons proposé[16] de concevoir l'*a priori* transcendantal comme l'œuvre d'un désenveloppement rationnel, mais d'un désenveloppement qui est celui d'une épigenèse[17] réflexive transcendantale (cf. *supra* introduction) dont le fond, réfléchissant (au sens du jugement réfléchissant), est le « fond vivant »[18] de toute détermination (rappelons que la « vie », au sens kantien, « provient directement et immédiatement », en son « principe », « d'une Idée du suprasensible, en l'occurrence de la liberté et de l'impératif moral catégorique qui est le premier à nous la faire connaître »[19]).

Quand il s'agit de penser les conditions de possibilité *a priori* des sciences, l'esprit (*Gemüt*), dans sa remontée (« réfléchissante », cf. *supra* ce II) vers cet universel qui doit nécessairement « fonder » le « fait »[20] des sciences (ces « connaissances synthétiques pures *a priori* » qui « sont

---

[14] Kant, *CRP*, AK. III, 139/IV, 104, *o.c.*, p. 230.
[15] *Ibid.*, AK. III, 135/IV, 99-100, *o.c.*, p. 225.
[16] Cf. notre ouvrage *L'institution kantienne de l'humanité*, *o.c.*, p. 37 sq.
[17] Kant, *CRP*, AK. III, 128, *o.c.*, p. 218.
[18] G. Deleuze, *La philosophie critique de Kant*, *o.c.*, p. 95.
[19] Kant, *Annonce de la prochaine conclusion d'un traité de paix perpétuelle en philosophie*, AK. VIII, 417, trad. J.-F. Poirier et F. Proust, GF Flammarion, Paris, 1991, p. 140-141.
[20] R. Verneaux, « La notion kantienne d'analyse transcendantale », *Revue Philosophique de Louvain*, Troisième série, tome 50, n° 27, 1952, p. 410.

réelles et données »[21]), c'est-à-dire « transformer le fait en droit »[22], décide, à un certain moment (lequel ?, pourquoi ce moment-là ?, quel est le sens de cette décision ?, cf. *infra* III), de ce que doit être la détermination des *a priori* transcendantaux, c'est-à-dire décide de la détermination des catégories, des schèmes et des principes de l'entendement (lesquels sont les « principes de l'expérience », les « lois essentielles de la nature »[23]), la philosophie transcendantale étant la détermination des « structures [...] de la conscience constituante »[24].

Mais si la critique transcendantale est, en son « foyer archaïque » (selon l'expression de O. Chédin[25]), réfléchissante (au sens de la troisième *Critique*), ne faut-il pas la concevoir par analogie avec la réflexion esthétique au sens kantien, voire comme s'originant dans cette réflexion ? Le transcendantal s'originerait dans (ou serait cooriginaire à) un « acte de l'esprit »[26] au sens du *Geist* défini par Kant comme articulation du « principe de vie » (*Lebensprincip*) et de « l'impératif moral catégorique »[27], ce *Geist* qui, dans la troisième *Critique*, est reconnu comme principe de l'« Idée esthétique », soit de cette œuvre de réflexion (au sens du « réfléchissant ») « qui se pose « sans concepts donnés d'avance » »[28]. L'origine du transcendantal serait, en tant que réfléchissante (au sens qui vient d'être précisé), « [pré-

[21] Kant, *Prolégomènes à toute métaphysique future*, AK. IV, 275, trad. J. Gibelin, Vrin, Paris, 1974, p. 32.

[22] R. Verneaux, « La notion kantienne d'analyse transcendantale », *o.c.*, p. 410.

[23] J. Rivelaygue, *Leçons de métaphysique allemande* II, *o.c.*, p. 156.

[24] J. Petitot, « Philosophie transcendantale et objectivité physique », *Philosophiques* 242 (1997), p. 368.

[25] O. Chédin, *Sur l'esthétique de Kant*, *o.c.*, p. 245.

[26] J. Garelli, « Quand le verbe se prend d'être », *Littérature*, n° 132, 2003, p. 37.

[27] Kant, *Annonce de la prochaine conclusion d'un traité de paix perpétuelle en philosophie*, AK. VIII, 417, *o.c.*, p. 140-141.

[28] J. Garelli, « Quand le verbe se prend d'être », *o.c.*, p. 37.

conceptuelle] »[29]. L'acte de l'esprit (*Geist*) s'enracinerait dans le « trans-cendantal » (au sens du « à distance (trans-) »[30]), soit le transcendantal en tant qu'il fonde (sur le mode du jugement réfléchissant) le « travail » « [catégorial] » de « phénoménalisation »[31], le « déploiement des catégories »[32] : le transcendantal est alors saisi comme « transcatégorial », c'est-à-dire comme « ce qui se tient au-delà » des catégories, comme ce qui les « transcende », J. Derrida soutenant que cette « définition » du transcendantal « convient » au « [concept] kantien [...] du transcendantal »[33]. Dans cette hypothèse, la dimension « trans-cendantale » (cf. *supra* ce II) du *Geist* serait à l'origine de l'épigenèse catégoriale, origine qui pourrait se penser comme « jeu libre, pré-conceptuel, noué temporellement entre l'Imagination transcendantale [...] et le « quelque chose en général = X », qui relève de l'usage de l'entendement pur, avant le déploiement des catégories »[34], jeu schématisant (au sens esthétique), « libre »[35], « précatégorial »[36], entre une imagination esthétique comme « imagination la plus ancienne », « pas encore faculté des images », et un « pouvoir intellectuel archaïque », « pas encore faculté des concepts »[37]. Ainsi, nous nous situons dans la « zone pré-catégoriale de l'entendement », c'est-à-dire « avant que les catégories logiques ne cherchent à [...] élucider logiquement le sens, selon les codes formels de la prédication »[38].

---

[29] *Ibid.*, p. 42.
[30] M. Richir, *L'expérience du penser*, Millon, Grenoble, 1996, p. 38.
[31] J. Garelli, « Quand le verbe se prend d'être », *o.c.*, p. 42.
[32] *Ibid.*, p. 43.
[33] J. Derrida, « Le supplément de copule. La philosophie devant la linguistique », *Langages*, 6e année, n° 24, 1971, p. 30.
[34] J. Garelli, « Quand le verbe se prend d'être », *o.c.*, p. 42-43.
[35] *Ibid.*, p. 42.
[36] J. Garelli, « Une phénoménologie plurielle », *Rue Descartes*, 2002/1, n° 35, p. 103.
[37] O. Chédin, *Sur l'esthétique de Kant*, *o.c.*, p. 282.
[38] J. Garelli, « Une phénoménologie plurielle », *o.c.*, p. 103.

Le *Geist*, comme « schématisme originel »[39], « [formerait] l'horizon de l'avènement »[40] catégorial. Il serait le principe « originaire d'où [émerge] [...] la genèse créatrice du sens »[41], c'est-à-dire cette matrice « trans-cendantale » (cf. *supra* ce II) qu'est la « vive matrice »[42] de l'être/devoir-être humain. Nous nous proposons de penser la matrice transcendantale du phénoménologique, au sens ici du schématisme esthétique kantien comme « schématisme transcendantal de la phénoménalisation »[43], et celle de la logique en sa fonction schématisante propre, ainsi que leur articulation (qui pourrait se concevoir dans la perspective de l'Idée d'une « racine globale »[44]), mais aussi de penser la matrice transcendantale de la critique pratique.

*

Le schématisme « trans-cendantal » réfléchissant (cf. *supra* ce II) agirait « à distance » (au sens du « à distance (trans-) »[45]) des *a priori* transcendantaux logiques, ceux-là mêmes qu'il produirait épigénétiquement. Cette épigenèse est indissociable d'un mouvement esthétique (au sens de l'esthétique transcendantale) d'individuation, qui se fonde dans l'actualisation des formes *a priori* de la sensibilité telle qu'elle s'opère dans l'effectivité de l'existence, mouvement constituant l'humain en sa temporalisation-spatialisation subjective. Ainsi se constituerait en un même mouvement

---

[39] Nous reprenons ici une expression de O. Chédin, *Sur l'esthétique de Kant*, *o.c.*, p. 282.

[40] J. Garelli, « Quand le verbe se prend d'être », *o.c.*, p. 38.

[41] J. Garelli, *Introduction au logos du monde esthétique*, Beauchesne, Paris, 2000, p. 459.

[42] S. Meitinger, « Les chantres de l'obscur. Réflexions sur le logos du monde esthétique selon Jacques Garelli », *Littérature*, n° 124, 2001, p. 110.

[43] M. Richir, *Phénoménologie et institution symbolique*, Millon, Grenoble, 1988, p. 15.

[44] Kant, *CRP*, AK. III, 540, *o.c.*, p. 676.

[45] M. Richir, *L'expérience du penser*, *o.c.*, p. 38.

« trans-cendantal » (cf. *supra* ce II) la subjectivation et son « corrélat », soit l'« objectivation formelle »[46].

Le « trans-cendantal » (cf. *supra* ce II) constitue, chez Kant, la « subjectivité »[47] en ce sens qu'il est (l'Idée de) la fondation de l'architectonique criticiste des pouvoirs de l'esprit (*Gemüt*), toujours déjà orienté vers le « but » propre au « concept scientifique de la raison »[48] (« téléologie de la réflexion théorique de la nature », « téléologie de l'action sensée en ce monde »[49]), but qui n'est autre que la « fin finale » (*Endzweck*), c'est-à-dire « morale »[50], de l'existence. Or, la « subjectivité » en son sens kantien est « [référée] à l'activité synthétique [...] *a priori* »[51]. S'agissant de la synthèse (du pouvoir intellectuel, cf. *supra* ce II) que nous reconnaissons au niveau « trans-cendantal » (cf. *supra* ce II), elle est comme le « plus ancien prototype », dirait O. Chédin[52], de la « synthèse » de l'« aperception originaire »[53] (de « l'unité originairement synthétique de l'aperception »[54]) théorisée dans l'Analytique des concepts ; en outre, de même qu'à la « synopsis du divers *a priori* par les sens »[55], dans l'Analytique des concepts, « correspond toujours [...] une synthèse »[56], de même la synthèse « trans-cendantale » au sens où nous l'entendons s'articule toujours déjà à une temporalisation-spatialisation « trans-cendantale », qui serait

---

[46] G. Deleuze, *La philosophie critique de Kant*, *o.c.*, p. 25.

[47] X. Guchet, « Pensée technique et philosophie transcendantale », *Archives de Philosophie*, 2013/1, Tome 66, p. 120.

[48] Kant, *CRP*, AK. III, 539, *o.c.*, p. 674.

[49] M. Richir, « Du sublime en politique », *Synthesis Philosophica*, 2/1989, p. 417.

[50] Kant, *CRP*, AK. III, 543, *o.c.*, p. 679.

[51] X. Guchet, « Pensée technique et philosophie transcendantale », *o.c.*, p. 121.

[52] O. Chédin, *Sur l'esthétique de Kant*, *o.c.*, p. 282.

[53] Kant, *CRP*, AK. IV, 74, *o.c.*, p. 175.

[54] *Ibid.*, AK. III, 108, *o.c.*, p. 198.

[55] *Ibid.*, AK. IV, 74, *o.c.*, p. 175.

[56] *Ibid.*, AK. IV, 76, *o.c.*, p. 178.

la forme la plus originaire de l'Esthétique transcendantale et de la « synopsis » au sens de l'Analytique des concepts.

L'acte « trans-cendantal » (cf. *supra* ce II) de l'esprit (*Geist*) serait, en sa « dimension ontologique » propre, un « mouvement opératoire »[57] qui, dans sa « dimension pré-individuelle », « [constitue] » l'« [individuation] » du « sens » comme ce qui « est toujours en avant de soi, comme sens à faire »[58]. Ainsi, le « trans-cendantal » est la « réflexion » (au sens du jugement réfléchissant) d'un esprit (*Geist*) producteur d'« amorces » (phénoménologiques) d'un « sens »[59] toujours déjà réglé, chez Kant, par un jeu entre les facultés qui s'inscrit dans une antériorité « trans-cendantale » à toute détermination conceptuelle (cf. *supra* ce II). Le « sens » dont il est question ici s'amorce phénoménologiquement, le schématisme esthétique kantien permettant de penser quelque chose comme un « logos du monde esthétique », soit « un champ d'indétermination de pensée irréductible à l'ordre d'un thème logique, comme il l'est à l'égard des structures grammaticales codées de la langue »[60]. Mais la « réflexion » (au sens du jugement réfléchissant) « trans-cendantale » (cf. *supra* ce II) doit toujours aussi être saisie, en tant qu'Idée d'une « racine commune »[61] du phénoménologique et du logique, comme origine du « logos de la logique transcendantale », « logos entendu dans le jugement comme l'unité unifiante du Je pense »[62].

À proprement parler, le lieu du « trans-cendantal » (cf. *supra* ce II) est un « non-lieu », un « « non-où » » ; le « trans-cendantal » est une espèce de « « néant » », de « non-

---

[57] J. Garelli, « Quand le verbe se prend d'être », *o.c.*, p. 37.

[58] *Ibid.*, p. 38-37.

[59] M. Richir, *Méditations phénoménologiques*, Millon, Grenoble, 1992, p. 124.

[60] J. Garelli, *Introduction au logos du monde esthétique*, *o.c.*, p. 8.

[61] Kant, *CRP*, AK. III, 46/IV, 25, *o.c.*, p. 113.

[62] R. Brisart, « La possibilisation du temps et la temporalisation du possible », *Revue Philosophique de Louvain*, Quatrième série, tome 78, n° 37, 1980, p. 104.

étant »[63]. Le « trans-cendantal » serait à la racine de ce « rien » qu'est la « simple forme de l'intuition » comme « espace pur » et « temps pur » (« *ens imaginarium* »)[64]. Mais le « néant », le « non-lieu » (cf. *supra* ce II), du « trans-cendantal » s'identifie-t-il au « rien » du temps et de l'espace ?

Le mouvement « trans-cendantal » serait, selon nous, transcendant(al) à tout étant déterminé, mouvement dont le « [désenveloppement] »[65] épigénétique (comme pouvoir de (se) produire (comme) l'*a priori*) « fait temps et fait espace », dirait M. Richir[66]. Dans cette hypothèse, ce mouvement se fait temporalisation-spatialisation, la « succession » qu'il « [produit] »[67] étant l'« acte pur de la synthèse successive » d'un « divers »[68]. Ce mouvement du « trans-cendantal » se fait ainsi « volume » ; en lui s'incarne l'esprit (comme articulation du *Geist* et du *Gemüt*), se « [construit] » le « corps » du sujet ; nous dirions que l'« être » du schématisme « trans-cendantal », cet « être » qui fait temps, espace et volume, « n'est que « mouvement » », c'est-à-dire n'est « jamais quelque chose de fixe, d'achevé et d'arrêté »[69]. Cette constitution la plus originaire du « volume », en même temps qu'elle est la « genèse du monde

---

[63] S. Meitinger, « Les chantres de l'obscur. Réflexions sur le logos du monde esthétique selon Jacques Garelli », *o.c.*, p. 110.
[64] Kant, *CRP*, AK. III, 232/IV, 186, *o.c.*, p. 328.
[65] *Ibid.*, AK. III, 540, *o.c.*, p. 676.
[66] M. Richir, « Le temps : porte-à-faux originaire », *in L'expérience du temps. Mélanges offerts à Jean Paumen*, L. Couloubaritsis, R. Legros, M. Richir, A.-M. Roviello (sous la direction de), Ousia, Bruxelles, 1989, p. 10.
[67] Kant, *CRP*, AK. III, 121, *o.c.*, p. 211.
[68] *Ibid.*, AK. III, 121, *o.c.*, p. 212.
[69] E. Escoubas, « Spatialisation de l'apparaître : le volume et le rythme », *Projets de paysage*, p. 2 et 3, publié le 18/01/2011 sur Projet de Paysage – www.projetsdepaysage.fr

et de l'apparaître »[70], serait la genèse même de l'être humain comme « sujet intellectuel et sensible »[71].

Ainsi, l'« être » (cf. *supra* ce II et *infra* IV) de l'homme surgirait comme origine du temps et de l'espace. Mais cette origine ne serait ni temporelle ni spatiale, le « temps n'[étant] rien d'autre que la forme du sens interne, c'est-à-dire de l'intuition que nous avons de nous-mêmes et de notre état intérieur »[72], l'espace, quant à lui, « n'[étant] rien d'autre que simplement la forme de tous les phénomènes des sens externes, c'est-à-dire la condition subjective de la sensibilité sous laquelle seulement, pour nous, une intuition externe est possible »[73]. Que le temps et l'espace soient « [identiques] à l'essence de la manifestation » (en tant qu'« *a priori* » « sous [lesquels] tous les phénomènes », pour le temps, les phénomènes externes, pour l'espace, « sont donnés »), cela « signifie »-t-il qu'ils sont identiques à « l'essence de l'ego »[74] ? Le temps et l'espace ne s'originent-ils pas à partir d'un hors temps et d'une aspatialité intelligibles (au sens du « caractère intelligible »[75] d'essence « pratique » – « Est pratique tout ce qui est possible par liberté »[76] –) ? Ce hors-temps et cette aspatialité constitueraient alors l'essence la plus originaire de l'esprit (*Geist*), qui ne serait autre que le pouvoir d'une « liberté ».

L'esprit (*Geist*), saisi en sa dimension « trans-cendantale » (cf. *supra* ce II), constituerait l'existence de l'humain, l'individuation du sujet, son être-au-monde, et ce, comme « réflexion », mouvement réfléchissant, vers cet « universel » qu'est l'Idée de l'humanité. Ce surgissement de

---

70 *Ibid.*, p. 3.

71 F. Marty, *in* Kant, *Opus postumum*, trad. F. Marty, PUF, Paris, 1986, p. 88.

72 Kant, *CRP*, AK. III, 59/IV, 37, *o.c.*, p. 128.

73 *Ibid.*, AK. III, 55/IV, 33, *o.c.*, p. 123.

74 F.P. de Sanctis, « Le problème du temps chez Michel Henry : l'origine de l'espacement », *Bulletin d'analyse phénoménologique* V 1, 2009, p. 6. [En ligne], http : //popups.ulg.ac.be/bap.htm

75 Kant, *CRP*, AK. III, 367, *o.c.*, p. 499.

76 *Ibid.*, AK. III, 520, *o.c.*, p. 655.

l'esprit serait la réflexion « trans-cendantale » la plus originaire, réflexion « [cachée] dans les profondeurs »[77] de ce que nous reconnaissons comme le « schématisme » (cf. *infra* ce II) (du) « trans-cendantal ».

Mais que penser d'un rapprochement entre le surgissement « trans-cendantal » (cf. *supra* ce II) de l'esprit (*Geist*) et le « sens d'être du « phénomène » à partir de lui-même », le sens d'être de l'« apparaître » comme « surgissement sans préalable, sans en deçà »[78] ? Si le « trans-cendantal » surgit comme « néant », « non-lieu », hors-temps (cf. *supra* ce II), ne surgit-il pas à la manière de l'« apparaître » de la « Montagne Sainte Victoire de Cézanne », c'est-à-dire comme un apparaître qui n'est pas précédé par un « où préalable »[79] ? Le « phénomène » (du) « trans-cendantal » (cf. *supra* ce II) ne « [trouve] »-t-il pas son « explicitation » dans « le sens même de la phénoménologie »[80], si le « propre de la phénoménologie, c'est de dévoiler l'être des phénomènes à partir d'eux-mêmes »[81] ? Le phénomène (du) « trans-cendantal » (cf. *supra* ce II) « existe »-t-il donc comme ce qui « [a] sa tenue hors de soi, extatiquement, sans avoir eu à sortir d'une situation préalable de pure immanence » (« dimension extatique » qui serait « celle, pareillement, de l'œuvre d'art »)[82] ? Mais comment penser une telle phénoménalité du transcendantal, s'il est vrai que, chez Kant, l'épigenèse transcendantale de l'esprit (le *Geist* articulé au *Gemüt*) s'effectue conformément à une « essence », qu'on l'entende

---

[77] *Ibid.*, AK. III, 136, *o.c.*, p. 226.

[78] E. Escoubas, « L'esthétique d'Henri Maldiney. Le phénomène et le rythme », *Phainomenon*, n° 11, Lisboa, p. 104.

[79] *Ibid.*

[80] *Ibid.*

[81] H. Maldiney, *L'art, l'éclair de l'être*, Comp'act, Chambéry, 1993, p. 261, cité par E. Escoubas, « L'esthétique d'Henri Maldiney. Le phénomène et le rythme », *o.c.*, p. 104.

[82] H. Maldiney, *Art et existence*, Klincksieck, Paris, 1985, p. 7, cité par E. Escoubas, « L'esthétique d'Henri Maldiney. Le phénomène et le rythme », *o.c.*, p. 103.

comme ce qui se rapporte à l'idée d'une « nature humaine »[83], aux « dispositions naturelles »[84] (tels la « disposition innée (*Naturanlage*) de l'homme à la métaphysique », « le besoin de répondre à certaines questions provenant de « la nature de la raison humaine universelle » (*aus der Natur der allgemeinen Menschenvernunft*) »[85]), ou dans le sens d'une « structure *a priori* »[86], celle-là même qui « structure à jamais »[87] l'effectivité de la pensée et l'exigence morale ? Et comment penser la genèse *a priori* (soit l'épigenèse) de l'existence, c'est-à-dire sa fondation dans l'articulation (à concevoir sur le mode du jugement réfléchissant) de l'*a priori* théorique (intelligible) et de l'essence pratique du *Geist*[88] ? Comment donc penser le « schématisme » « trans-cendantal » comme passage de l'intelligible à la temporalisation-spatialisation de l'existence ?

*

L'effectivité « trans-cendantale » de l'esprit (le *Geist* articulé au *Gemüt*) produit l'*a priori* « métaphysique » (« métaphysique » s'entend au sens du principe qui « représente la condition *a priori* sous laquelle seulement des objets [...] peuvent être déterminés [...] *a priori* »[89], soit ce « qui correspond à l'immanence en général », ce qui

---

[83] Kant, *La religion dans les limites de la simple raison*, AK. VI, 26, trad. J. Gibelin, révisée par M. Naar, Vrin, Paris, 2010, p. 91.

[84] Kant, *Idée d'une histoire universelle au point de vue cosmopolitique*, AK. VIII, 18, trad. S. Piobetta, Denoël/Gonthier, Paris, 1981, p. 28.

[85] R. Brague, *Les ancres dans le ciel*, Seuil, Paris, 2011, chapitre I, § 3.

[86] A.J. Steinbock, « Facticité et intuition dans la problématique du monde de la vie », trad. F. Moinat, *Kairos* N° 22, 2003, p. 206.

[87] J. Darriulat, « Kant, le fondateur. I – Que pouvons-nous savoir ? », p. 19/24, mis en ligne : 6-6-2015, http : //www.jdarriulat.net/Auteurs/Kant/Kantfondateur/KantFondateur1.html

[88] Kant, *Annonce de la prochaine conclusion d'un traité de paix perpétuelle en philosophie*, AK. VIII, 417, *o.c.*, p. 140-141.

[89] Kant, *CJ*, AK. V, 181, *o.c.*, p. 160.

« exprime […] l'immanence dans le fonctionnement même de la faculté de juger »[90]) et l'*a priori* « transcendantal » (« transcendantal » s'entend au sens du principe qui « [représente] la condition universelle *a priori* sous laquelle seulement des choses peuvent devenir des objets de notre connaissance en général »[91], soit de ce principe qui « « déborde » des limites […] [du] concept et le situe par rapport à d'autres connaissances qui en proviennent […] par le truchement de jugements fondateurs, puisque ces connaissances sont dites « synthétiques » »[92]), *a priori* qui ne sont pas « naturels ou innés », mais « acquis »[93]. Cette effectivité « trans-cendantale » ne saurait davantage être rapprochée de l'« [innéité] » du « premier fondement formel de la possibilité d'une intuition », soit du « fondement » (de la forme *a priori* de l'intuition) « comme simple réceptivité », ou de l'« [innéité] » de ce qui forme les « conditions subjectives de la spontanéité de la pensée », soit du « principe qui fait que les représentations naissent ainsi et non autrement »[94], car comment le principe « trans-cendantal », c'est-à-dire l'esprit (*Geist*), pourrait-il être, comme pouvoir de « liberté » (cf. *supra* ce II), inné (*angeboren*)[95] ? ; comment la « [nature] »[96] pourrait-elle fonder la liberté, c'est-à-dire déterminer la « trans-cendantalité » humaine à être libre ? ; comment concevoir une causalité de la liberté qui serait extérieure à la « trans-cendantalité » même, soit une causalité de la liberté qui ne serait pas une causalité par liberté ?

---

90 F. Pierobon, *Kant et la fondation architectonique de la métaphysique*, Millon, Grenoble, 1990, p. 79-80.
91 Kant, *CJ*, AK. V, 181, *o.c.*, p. 160.
92 F. Pierobon, *Kant et la fondation architectonique de la métaphysique*, *o.c.*, p. 88.
93 Kant, *Réponse à Eberhard*, AK. VIII, 221, trad. R. Kempf, Vrin, Paris, 1973, p. 71.
94 *Ibid.*, AK. VIII, 222 et 221, *o.c.*, p. 72, 73 et 71.
95 *Ibid.*, AK. VIII, 221, *o.c.*, p. 71.
96 *Ibid.*

Nous reconnaîtrions dans ce principe « trans-cendantal » la « force vitale » (*Lebenskraft*)[97] qui, chez Kant, « provient directement et immédiatement d'une Idée du suprasensible, en l'occurrence de la liberté et de l'impératif moral catégorique qui est le premier à nous la faire connaître »[98] ; en ce sens, le principe « trans-cendantal », comme « surgissement de la vie », « élan du vouloir [moral] »[99], est ce principe (épi)génétique qui fonde (sur le mode du jugement réfléchissant) les dimensions théorique et pratique de l'existence.

Dès lors, si le principe « trans-cendantal » se manifeste comme force formatrice, ce n'est pas dans le sens de la « force formatrice » telle que Kant la conçoit dans la troisième *Critique*[100], soit comme principe d'organisation, quoiqu'il faille penser une articulation, proprement schématisante, de ces deux forces. L'« organisation », en effet, en tant qu'elle « ne peut pas [...] être comprise par le » seul « mécanisme », requiert d'être « déterminée par la finalité »[101]. Mais l'organisation n'est que « l'*analogon* de la vie »[102], au sens où l'Idée de « finalité » est analogue à l'« [Idée] de liberté »[103]. Plus précisément, c'est la « nature »[104] qui est pensée comme force organisatrice. Le « principe de vie » (*Lebensprincip*)[105] participe, quant à lui, de la « loi morale » qui est « *ratio cognoscendi* de la

[97] Kant, *Anthropologie du point de vue pragmatique*, AK. VII, 231, *o.c.*, p. 178.

[98] Kant, *Annonce de la prochaine conclusion d'un traité de paix perpétuelle en philosophie*, AK. VIII, 417, *o.c.*, p. 140-141.

[99] J. Darriulat, « Kant, le fondateur. I – Que pouvons-nous savoir ? », *o.c.*, p. 7/24.

[100] Kant, *CJ*, AK. V, 374, *o.c.*, p. 366.

[101] A. Philonenko, *Métaphysique et politique chez Kant et Fichte*, Vrin, Paris, 1997, p. 90.

[102] *Ibid.* Cf. Kant, *CJ*, AK. V, 374, *o.c.*, p. 366.

[103] A. Renaut, *Kant aujourd'hui*, Flammarion, Paris, 1999, p. 422.

[104] Kant, *CJ*, AK. V, 374, *o.c.*, p. 366.

[105] Kant, *Annonce de la prochaine conclusion d'un traité de paix perpétuelle en philosophie*, AK. VIII, 417, *o.c.*, p. 140.

liberté »[106], laquelle, comme « *ratio essendi* de la loi morale »[107], est pouvoir d'« [inaugurer] [d'elle]-même ses effets dans le monde sensible »[108]. Ainsi, la « force vitale » du « trans-cendantal » serait formatrice, c'est-à-dire (épi)genèse de (l'expérience et de) l'existence (cf. *supra* ce II), et, comme pouvoir de « liberté » (cf. *supra* ce II), « spontanéité » (cf. *infra* ce II), elle peut être pensée comme auto-formatrice.

Cette fondation intelligible, d'essence pratique, du « trans-cendantal » pourrait être rapprochée *mutatis mutandis* de la « forme » esthétique selon H. Maldiney, la différence entre ces « formes » résidant dans le fait que la « forme » esthétique chez H. Maldiney est pensée, en tant que « rythme », comme un « [tissu] pré-objectif du monde », au sens de ce qui est « antérieur à la dissociation du sujet et de l'objet », c'est-à-dire de ce qui « fonde une esthétique qu'on pourrait dire sans subjectivité ni objectivité »[109], alors que le principe kantien du « trans-cendantal » est toujours déjà genèse de la subjectivité transcendantale et de son « corrélat »[110], l'objectivité transcendantale (cf. *supra* ce II). Or, nous proposons de penser toute « forme », c'est-à-dire tout « rythme », esthétiques (cf. *supra* ce II) comme antérieurs (transcendantalement) au schématisme de l'entendement pur au sens kantien, soit comme des schématismes « sans concepts »[111] au sens du schématisme de la réflexion esthétique chez Kant, ce qui signifie qu'une telle « forme » est certes « pré-objective » au sens de la détermination conceptuelle de l'objet, mais qu'elle s'origine, en tant qu'esthétique, dans la force formatrice du « trans-cendantal » au sens défini dans ce chapitre. Si donc le

---

[106] Kant, *Critique de la raison pratique* (cité *CRPr*), AK. V, 4, trad. J.-P. Fussler, GF Flammarion, Paris, 2003, p. 90.

[107] *Ibid.*

[108] Kant, *CRP*, AK. III, 368, *o.c.*, p. 500.

[109] E. Escoubas, « L'esthétique d'Henri Maldiney. Le phénomène et le rythme », *o.c.*, p. 107.

[110] G. Deleuze, *La philosophie critique de Kant*, *o.c.*, p. 25.

[111] Kant, *CJ*, AK. V, 287, *o.c.*, p. 271.

schématisme esthétique au sens kantien peut être reconnu comme un « « schématiser » originel, d'avant les catégories, antérieur à l'usage empirique d'une imagination et d'un entendement »[112], c'est-à-dire comme ayant, pour le moins, quelque chose de commun avec le « trans-cendantal » tel que nous l'entendons ici (cf. *supra* ce II) ; si, en outre, la théorie kantienne du schématisme esthétique peut être reconnue comme source d'inspiration de la phénoménologie esthétique de H. Maldiney, alors il est légitime que nous nous inspirions à notre tour de l'analyse maldineyenne de la « forme » esthétique dans notre tentative pour penser ce que nous appelons le « trans-cendantal » kantien.

Dans cette perspective, le principe « trans-cendantal » se manifesterait comme force « toujours [...] en formation », « *Gestaltung*, selon le mot de Klee, et non *Gestalt* »[113], « acte d'une forme » au sens de l'acte « par lequel une forme se forme », c'est-à-dire « autogenèse »[114]. Le principe « trans-cendantal » serait « ce qui se forme en formant l'espace dans lequel [il] se forme », tel un « rythme » qui « n'a pas lieu dans l'espace », mais qui « « implique » l'espace, « ouvre » l'espace », rythme donc qui ne peut être « [situé] [...] dans un temps et un espace »[115].

La force (auto-) formatrice du « trans-cendantal » œuvre dans la naturalisation du transcendantal, c'est-à-dire dans son « application »[116] à la nature. Ce qui suppose, selon notre hypothèse, que le « trans-cendantal » « ouvre l'espace et le temps » (cf. *supra* ce II), c'est-à-dire « produise » *a priori* ces formes de la sensibilité. Nous saisirions ainsi l'origine de

---

[112] O. Chédin, *Sur l'esthétique de Kant*, *o.c.*, p. 282.

[113] E. Escoubas, « L'esthétique d'Henri Maldiney. Le phénomène et le rythme », *o.c.*, p. 106.

[114] H. Maldiney, *Regard, Parole, Espace*, L'Age d'Homme, Lausanne, 1973, p. 155, cité par E. Escoubas, « L'esthétique d'Henri Maldiney. Le phénomène et le rythme », *o.c.*, p. 107.

[115] E. Escoubas, « L'esthétique d'Henri Maldiney. Le phénomène et le rythme », *o.c.*, p. 106-107.

[116] A. Renaut, *in* Kant, *Métaphysique des mœurs* I, *Fondation*, Présentation, *o.c.*, p. 28.

l'imagination transcendantale comme « productive, c'est-à-dire faculté de présentation originaire […] [des] intuitions pures de l'espace et du temps »[117]. Dès lors, à supposer que l'« imagination transcendantale » puisse être pensée comme « racine de la sensibilité et de l'entendement »[118], nous saisirions par là la racine du « pouvoir de connaître »[119].

La forme pure de l'intuition n'est pas, dans la première *Critique*, « [produite] spontanément » par le « sujet »[120] : la « représentation originaire du temps » est « donnée »[121], comme celle de l'espace[122], et non produite par le sujet transcendantal. Cette thèse évolue dans l'*Opus postumum* qui « rattache à la spontanéité du Sujet transcendantal les formes […] *a priori* de la sensibilité »[123] (l'espace et le temps sont des « [produits] du pouvoir de représentation comme activité propre (*Spontaneitas* non *Receptivitas*) »[124]), le « sujet »[125] étant alors pensé comme produisant épigénétiquement (c'est-à-dire *a priori*) l'espace et le temps, comme il produit *a priori* les catégories[126]. L'espace et le temps seraient des « intuitions au sens actif », des « actes de représenter que le sujet produit spontanément, par positions autonomes »[127].

---

[117] Kant, *Anthropologie du point de vue pragmatique*, AK. VII, 167, *o.c.*, p. 123.

[118] M. Heidegger, *Kant et le problème de la métaphysique*, *o.c.*, p. 198.

[119] Kant, *CJ*, AK. XX, 246, *o.c.*, p. 136 ; *CRP*, AK. III, 540, *o.c.*, p. 676.

[120] H.J. De Vleeschauwer, *La déduction transcendantale dans l'œuvre de Kant*, tome troisième, De Sikkel, Leroux, Nijhoff, Anvers, Paris, La Haye, 1937, p. 635.

[121] Kant, *CRP*, AK. III, 58/IV, 37, *o.c.*, p. 127.

[122] *Ibid.*, AK. III, 53/IV, 33, *o.c.*, p. 121.

[123] J. Maréchal, « L'aspect dynamique de la méthode transcendantale chez Kant », *Revue néo-scolastique de philosophie*, 42e année, Deuxième série, n° 63, 1939, p. 370.

[124] Kant, *Opus postumum*, AK. XXII, 42, *o.c.*, p. 150.

[125] *Ibid.*

[126] J. Maréchal, « L'aspect dynamique de la méthode transcendantale chez Kant, *o.c.*, p. 370.

[127] H. J. De Vleeschauwer, *La déduction transcendantale dans l'œuvre de Kant*, tome troisième, *o.c.*, p. 635, cité par J. Maréchal, « L'aspect dynamique de la méthode transcendantale chez Kant », *o.c.*, p. 370.

Or, notre Idée d'un principe « trans-cendantal » qui « ouvrirait » (cf. *supra* ce II) l'espace et le temps comme conditions originaires de toute spatialisation-temporalisation s'apparente à la conception de l'*Opus postumum*, laquelle saisirait l'espace et le temps à un niveau plus originaire que l'Esthétique transcendantale de la première *Critique*. Nous comprendrions ainsi le sens de l'ouverture « trans-cendantale » comme « [disposition] » de l'esprit à « accueillir l'expérience »[128]. Mais pourrait également être posé par là le problème de l'articulation du temps (le sujet transcendantal est, en un sens, le temps lui-même comme immuable, cf. *supra* I) et du hors-temps (propre au caractère intelligible d'essence pratique, cf. *supra* ce II) et, de là, le problème de l'articulation, d'une part, du temps/hors-temps et de l'espace/aspatialité (cf. *supra* ce II) et, d'autre part, du temporel et du spatial.

Le « principe de vie » (cf. *supra* ce II), saisi comme « trans-cendantal » (cf. *supra* ce II), révèle alors sa dimension « dynamique »[129] schématisante. À ce niveau, nous comprenons que « l'allure d'une donnée statique » qui peut être celle de la théorie transcendantale des éléments n'est qu'apparente : l'*a priori* transcendantal est, dans le kantisme, « acte » et « devenir »[130].

Si donc le « principe de vie » se fonde dans la loi morale (cf. *supra* ce II), il convient de le penser dans son passage au sensible (sur « les concepts » duquel il ne se « fonde » pas[131]), soit dans la perspective de l'Idée du passage du suprasensible au sensible (Idée de la naturalisation du transcendantal, cf. *supra* ce II). Ainsi, le « principe de vie » jaillit, sur le mode du jugement réfléchissant, comme passage

---

[128] J. Darriulat, « Kant, le fondateur. I – Que pouvons-nous savoir ? », *o.c.*, p. 17/24.

[129] J. Maréchal, « L'aspect dynamique de la méthode transcendantale chez Kant », *o.c.*, p. 341.

[130] H.J. De Vleeschauwer, *La déduction transcendantale dans l'œuvre de Kant*, tome troisième, *o.c.*, p. 617.

[131] Kant, *Annonce de la prochaine conclusion d'un traité de paix perpétuelle en philosophie*, AK. VIII, 417, *o.c.*, p. 140.

du temps/hors-temps intelligible (le temps – cf. *supra* I – et le hors-temps ont en commun de « [demeurer] et [de] [rester] [permanents] »[132], sans « avant » ni « après »[133]) et pratique[134] au temporel.

Cette « application » (cf. *supra* ce II) du caractère intelligible au sensible requiert de penser un « schème », soit une « représentation médiatisante » « homogène »[135] en l'occurrence au hors-temps intelligible d'essence pratique (cf. *supra* ce II) et à la temporalité phénoménale. Nous serions ici à la racine d'un « schématisme » qui demeure insondable, à la racine d'un jaillissement dont nous ne pouvons « [voir] » (*einsehen*) les « sources » (*Quellen*)[136] constituantes, mais que nous pouvons penser, en tant que principe « trans-cendantal » de vie (cf. *supra* ce II), comme la fonction schématisante la plus originaire.

Ce schème (du) « trans-cendantal », comme autogenèse (cf. *supra* ce II) de l'existence (théorique et pratique), est, selon nous, ce que Kant vise à penser dans son architectonique des schématismes[137] et ce qu'il a en vue quand il s'agit de concevoir le passage au « métaphysique » comme « procédé […] légitime » et « nécessaire, par lequel nous pensons le rapport de l'universel au particulier », « procédé » qui « consiste », dans le domaine théorique, « à ajouter à la structure catégoriale formelle un minimum d'empiricité, une donnée sensible aussi abstraite que possible par rapport à l'empiricité […], donc aussi proche que possible du transcendantal, de sorte que le saut soit lui-même le plus restreint possible », et, dans le domaine pratique, à « [ajouter] *a priori* aux catégories de la liberté […] la représentation de l'existence des choses et des personnes »,

---

[132] Kant, *CRP*, AK. III, 163/IV, 124-125, *o.c.*, p. 254.
[133] *Ibid.*, AK. III, 374, *o.c.*, p. 507.
[134] Kant, *CRPr*, AK. V, 107, *o.c.*, p. 228.
[135] Kant, *CRP*, AK. III, 134/IV, 99, *o.c.*, p. 224-225.
[136] *Ibid.*, AK. III, 513, *o.c.*, p. 649.
[137] Cf. notre ouvrage *Penser la liberté et le temps avec Kant*, L'Harmattan, Paris, 2014.

ainsi que « l'existence des penchants inscrits dans les différents sujets »[138]. Nous dirions de ce schème (du) « trans-cendantal » qu'il surgit dans (et comme) ce que Kant appelle l'« instant » (*Augenblick*)/« point du temps » (*Zeitpunkt*)[139]. Or, si ce jaillissement a la « fulgurance » de l'« instant »[140], cela signifie que le mouvement (cf. *supra* ce II) schématisant du « principe de vie » (schématisant, c'est-à-dire dans lequel se produit – et peut être pensé – le passage du pratique au théorique, du temps/hors-temps et de l'aspatialité à la temporalisation-spatialisation) doit se poursuivre à chaque instant en une création continuée qui se fonde, en tant qu'œuvre de la « force vitale » articulée à la « force formatrice » comme principe d'organisation au sens kantien (cf. *supra* ce II), dans le pouvoir de la liberté « trans-cendantale » (cf. *supra* ce II) pratique (nous avons commencé à explorer cette constitution pratique de la durée de l'existence dans un travail précédent[141]). En produisant la continuité du mouvement propre à la « force vitale », le schématisme « trans-cendantal » fait resurgir à chaque instant l'exigence de « sens » (cf. *supra* ce II) constitutive de l'existence humaine.

Quel est donc le sens de cette exploration de l'insondable « trans-cendantalité » de notre existence ? À la vérité, Kant pense ainsi une Idée de l'existence proprement humaine, Idée dont il établit la légitimité devant le tribunal de la Critique et qu'il propose à l'« assentiment d'autrui »[142], Idée qui n'est autre, selon lui, que celle d'un contrat d'humanité.

---

[138] A. Renaut, *in* Kant, *Métaphysique des mœurs* I, *Fondation*, Présentation, *o.c.*, p. 33-34.

[139] Kant, *La fin de toutes choses*, AK. VIII, 328, *o.c.*, p. 108.

[140] V. Jankélévitch, *Traité des vertus* I, *Le sérieux de l'intention*, Bordas/Mouton, Paris, 1968, p. 100.

[141] Cf. notre ouvrage *Penser la liberté et le temps avec Kant*, *o.c.*, p. 124.

[142] M. Canivet, « La déduction transcendantale de Kant au point de vue social », *Revue Philosophique de Louvain*, Quatrième série, tome 75, n° 25, 1977, p. 71.

Chapitre III
La déduction transcendantale

Le fondationnalisme kantien se présente comme une entreprise de « déduction », c'est-à-dire qu'il s'agit de poser la « question concernant ce qui est de droit », de « faire apparaître [...] la légitimité »[1] de l'Idée transcendantale des pouvoirs de l'esprit. Ainsi, dans le domaine théorique, la « déduction transcendantale entend [...] montrer (1) que la validité objective des concepts consiste en ce que c'est uniquement par leur moyen que l'expérience devient possible. De ce fait découle (2) que les catégories sont nécessaires dans la constitution de l'expérience »[2]. La question est celle de la légitimité des « catégories » et des principes de l'entendement pur comme « conditions de la connaissance scientifique »[3]. Comment donc légitimer la théorie des *a priori* transcendantaux théoriques, soit la théorie de ce « jugement antécédent [*voraus*] »[4] (au sens de l'antécédence transcendantale) qui fonde la « synthèse » transcendantale, « aperceptive », de l'objet[5], « jugement

---

[1] Kant, *CRP*, AK. III, 99/IV, 68, *o.c.*, p. 169.

[2] R. Theis, « L'argument kantien dans la déduction transcendantale », *Revue Philosophique de Louvain*, 1983, 50, p. 204.

[3] *Ibid.*, p. 221.

[4] Kant, *Prolégomènes à toute métaphysique future*, AK. IV, 300, *o.c.*, p. 70.

[5] M. Canivet, « La déduction transcendantale de Kant au point de vue social », *o.c.*, p. 73.

antécédent » que Kant désigne comme la « conscience en général » (*Bewußtsein überhaupt*)[6] ?

Fondamentalement, la théorie transcendantale des éléments, dans la première *Critique*, doit être interprétée comme « l'ensemble des dispositions d'un contrat originaire [...] instituant, au sens critique, la fonction du sujet transcendantal et, corrélativement, la forme de l'objet transcendantal »[7]. Comment donc penser la possibilité de « s'entendre *a priori* » sur la théorie kantienne de la transcendantalité théorique, donc sur ce qu'il convient de « [considérer] comme un objet »[8] de connaissance, c'est-à-dire sur « ce qui, dans notre connaissance, résiste à notre arbitraire et s'impose avec nécessité »[9], l'Idée transcendantale du « contrat » (lequel, en effet, n'est pas un « fait historique »), Idée épistémologique *et* morale (cf. *infra* ce III), posant que « les hommes doivent pouvoir s'accorder [« *a priori* »] sur ce qu'ils entendent par un objet valable pour chacun »[10].

Il ne s'agit pas seulement de constater qu'il y a une « faculté de s'entendre *a priori* », qui est l'« entendement pur »[11], ni de constater le fait d'un « *consensus* du sens commun scientifique », « *consensus* vécu *in concreto* »[12]. Il faut établir la légitimité de ce *consensus*, c'est-à-dire montrer de quel droit l'Idée kantienne de la transcendantalité théorique peut se présenter comme sa fondation légitime. Il s'agit alors de montrer de quel droit un tel fondement transcendantal, conçu comme ce qui confère l'« universelle validité » et la « nécessité » au jugement scientifique, soit

---

6 Kant, *Prolégomènes à toute métaphysique future*, AK. IV, 300, *o.c.*, p. 70, cité par M. Canivet, « La déduction transcendantale de Kant au point de vue social », *o.c.*, p. 65.

7 M. Canivet, « La déduction transcendantale de Kant au point de vue social », *o.c.*, p. 72.

8 *Ibid.*, p. 69.

9 *Ibid.*, p. 55.

10 *Ibid.*, p. 72.

11 *Ibid.*, p. 69.

12 *Ibid.*, p. 64.

comme ce qui rend ce jugement « objectivement valable »[13], peut, et doit, être toujours déjà reconnu comme « vrai » au sens où l'Analytique transcendantale est pensée comme une « logique de la vérité »[14].

De quel droit « [accepter] de ne faire état que d'intuitions dont on puisse mesurer mathématiquement la grandeur, que de perceptions dont on puisse mesurer le degré, que de changements relatifs à un substrat permanent, que d'événements succédant à des causes, que de choses en commerce réciproque »[15] ? Et « pourquoi le jugement » « se développe »-t-il « selon douze catégories et a besoin de deux intuitions »[16] ? Comment le « démontrer », s'il est vrai que l'« analyse transcendantale » peut certes « [découvrir] » « les éléments de la raison pure »[17] (« en dénombrant les formes du jugement, nous en trouvons douze, et partant douze catégories »[18]), mais ne saurait « [véritablement] [déduire] », au sens de la « méthode constructive » selon Reinhold, le « système [...] de la raison pure » (« [on] ne peut que remonter de l'expérience à ses conditions de possibilité, il n'est pas question de les reconstruire à partir d'un terme plus élevé »[19], d'« [enquêter] sur l'origine transcendante de la représentation »[20]) ?

Ainsi, tout se passe comme si la science se fondait, en sa « nécessité »[21], sur l'Idée d'un « contrat intellectuel

---

[13] Kant, *Prolégomènes à toute métaphysique future*, AK. IV, 300, *o.c.*, p. 69.

[14] Kant, *CRP*, AK. III, 82/IV, 55, *o.c.*, p. 151.

[15] M. Canivet, « La déduction transcendantale de Kant au point de vue social », *o.c.*, p. 65.

[16] J. Rivelaygue, *Leçons de métaphysique allemande* I, Grasset, Paris, 1990, p. 130.

[17] *Ibid.*

[18] C. Sentroul, *L'objet de la métaphysique selon Kant et selon Aristote*, Institut supérieur de philosophie, Louvain, 1905, p. 120.

[19] J. Rivelaygue, *Leçons de métaphysique allemande* I, *o.c.*, p. 130-131.

[20] I. Thomas-Fogiel, *Critique de la représentation*, Vrin, Paris, 2000, p. 22.

[21] Kant, *CRP*, AK. IV, 81, *o.c.*, p. 183.

originaire »[22] et comme si « les hommes » devaient pouvoir *a priori* « se représenter les caractères de la démarche scientifique lorsqu'ils s'y engagent »[23]. La théorie transcendantale des éléments doit alors être pensée comme « [explicitation] » des « règles » d'un tel « contrat »[24] et comme « *ratio essendi* » de la « réalité du *consensus* scientifique »[25]. De même qu'une république ne se constitue que sur la base de l'Idée d'un « contrat » qui fonde l'Idée de peuple comme celle d'une « volonté concordante et unie de tous »[26], de même la communauté humaine ne peut accéder à la république du savoir (*Wissen*) qu'à la condition de reconnaître la « vertu juridique » de la « catégorie », soit de reconnaître que la « catégorie [...] correspond à une détermination collective transcendantale, c'est-à-dire à une sorte de décision commune originaire de s'en tenir à certaines formes judicatives par rapport aux intuitions »[27]. De même que le « contrat social fournit [...] un cadre juridique stable à l'intérieur duquel l'objectivité juridique et avec elle un juge [...] peuvent apparaître », de même « la fondation en droit de l'expérience partageable, le contrat catégorial, fournit le cadre à l'intérieur duquel la projection d'un cadre objectif commun devient possible, et par là le surgissement d'un *je juge* légitime »[28].

Mais de quel droit penser *ce* contrat catégorial et soutenir que « la connaissance objective [...] est limitée à un champ

---

[22] M. Canivet, « La déduction transcendantale de Kant au point de vue social », *o.c.*, p. 70.
[23] *Ibid.*, p. 60.
[24] *Ibid.*, p. 71.
[25] *Ibid.*, p. 51.
[26] Kant, *Métaphysique des mœurs* II, *Doctrine du droit*, AK. VI, 315 et 313, trad. A. Renaut, GF Flammarion, Paris, 1994, p. 131 et 129.
[27] M. Canivet, « La déduction transcendantale de Kant au point de vue social », *o.c.*, p. 65.
[28] L.F. Garcia, « La matrice juridique et révolutionnaire de la pensée kantienne », *Kriterion*, n° 138, Septembre/Décembre 2017, p. 668.

déterminé du réel, celui de l'intuitivement donné »[29] ? Au fond, le *droit* ne se ramène-t-il pas ultimement au *fait* que les catégories ont « leur lieu de naissance » dans l'entendement et « obtiennent à l'occasion de l'expérience leur développement »[30] ? Il s'agirait alors pour la philosophie transcendantale de « justifier un discours sur un fait »[31].

Ainsi, l'acte de justifier se fonde dans la « matrice juridique »[32]du criticisme, c'est-à-dire dans l'Idée d'un « [passage] du Moi à la perspective intersubjective du juge »[33], lequel n'est autre que la « raison »[34]. Dans cette perspective juridico-« politique »[35] (puisqu'il y va de la constitution d'une communauté de « libres citoyens »[36] capables de connaissance, communauté dans laquelle « chacun décide la même chose pour tous et tous la même chose pour chacun »[37]), c'est-à-dire dans cet « état légal » (suivant l'analogie entre la critique juridico-politique et la critique théorique), « ce qui compte n'est plus la force, mais la conformité de l'argument aux règles fondamentales de l'instauration du tribunal »[38]. Il ne peut y avoir « *consensus* vécu *in concreto* »[39] au sens d'un espace authentiquement républicain, d'un espace « [public] », de la « connaissance où

---

[29] R. Theis, « L'argument kantien dans la déduction transcendantale », *o.c.*, p. 222.

[30] Kant, *CRP,* AK. III, 84/IV, 57, *o.c.*, p. 154.

[31] I. Thomas-Fogiel, *Critique de la représentation*, *o.c.*, p. 22.

[32] L.F. Garcia, « La matrice juridique et révolutionnaire de la pensée kantienne », *o.c.*, p. 653.

[33] *Ibid.*, p. 662.

[34] *Ibid.*, p. 660.

[35] *Ibid.*, p. 667.

[36] Kant, *CRP,* AK. III, 484, *o.c.*, p. 619.

[37] Kant, *Métaphysique des mœurs* II, *Doctrine du droit*, AK. VI, 313, *o.c.*, p. 129, cité par L.F. Garcia, « La matrice juridique et révolutionnaire de la pensée kantienne », *o.c.*, p. 664.

[38] L.F. Garcia, « La matrice juridique et révolutionnaire de la pensée kantienne », *o.c.*, p. 661.

[39] M. Canivet, « La déduction transcendantale de Kant au point de vue social », *o.c.*, p. 64.

chaque sujet peut dire [...] [:] je juge »[40], que si l'on reconnaît comme fondation transcendantale l'Idée d'un « tribunal »[41] de la raison devant statuer sur la légitimité scientifique de toute entreprise. L'Idée de la « constitution d'un espace intersubjectif de formulation de jugements »[42], soit l'Idée de la « vérité transcendantale »[43], est pensée comme « fondation » *a priori* « d'un Nous légitime »[44], d'un « espace logique [...] commun »[45].

Cette fondation transcendantale théorique est une Idée qui doit s'instituer en permanence, que l'on « doit [*soll*] admettre »[46] comme « ouverture » constituante « à »[47]..., « décision [...] originaire »[48] qui ouvre *a priori* (c'est-à-dire épigénétiquement, cf. *supra* introduction) l'espace de l'intersubjectivité, cette décision devant toujours aussi se concevoir, chez Kant, comme désenveloppant (cf. *supra* introduction) une « structure » spirituelle, laquelle est par conséquent *à la fois* « prescrite » et « découverte » (alors même que ces « [thèses] » s'opposent communément[49]).

*

Une épigenèse réflexive transcendantale constitue les formes esthétiques (cf. *supra* II) et logiques (les « premiers

---

[40] L.F. Garcia, « La matrice juridique et révolutionnaire de la pensée kantienne », *o.c.*, p. 667.
[41] *Ibid.*, p. 668.
[42] *Ibid.*
[43] Kant, *CRP,* AK. III, 139/IV, 104, *o.c.*, p. 229.
[44] L.F. Garcia, « La matrice juridique et révolutionnaire de la pensée kantienne », *o.c.*, p. 667.
[45] *Ibid.*, p. 662.
[46] Kant, *Que signifie s'orienter dans la pensée ?*, AK. VIII, 146, trad. J.-F. Poirier et F. Proust, GF Flammarion, Paris, 1991, p. 71.
[47] M. Canivet, « La déduction transcendantale de Kant au point de vue social », *o.c.*, p. 61.
[48] *Ibid.*, p. 65.
[49] Cf. M. Bitbol, *De l'intérieur du monde. Pour une philosophie et une science des relations*, Flammarion, Paris, 2010, p. 189.

principes *a priori* », « spontanément pensés », de « notre connaissance »[50]) de l'esprit, lequel est ainsi « [auto-formation] », « force générative »[51] de sa propre essence, qu'il faut toujours aussi reconnaître comme « structure invariable »[52], « universelle et stable »[53]. L'esprit nous « impose » son pouvoir de penser, comme il « impose de lui-même une forme au donné et constitue [...] la connaissance comme produit de sa propre activité »[54]. En ce sens, la structure transcendantale de l'esprit ne peut être conditionnée par les sciences telles qu'elles sont « données »[55] dans l'histoire ; au contraire, ces sciences ne sont « réelles »[56] qu'en tant que constituées par la transcendantalité théorique.

Ainsi, Kant distingue l'« espace esthétique » de l'« espace géométrique »[57]. L'espace esthétique est « la forme subjective et pure de l'intuition du sens externe, telle que la met au jour l'exposition métaphysique de l'espace » ; il s'agit de « l'espace métaphysique », lequel « [relève] [...] de l'Esthétique transcendantale dans son moment originaire », c'est-à-dire que l'espace esthétique « doit pouvoir être atteint dans son essence pure avant et indépendamment » de la recherche « transcendantale » en tant qu'elle désigne la « mathématique de l'étendue »[58], mise au jour dans l'exposition transcendantale. Un raisonnement analogue doit valoir pour le temps.

---

[50] Kant, *CRP,* AK. III, 128, *o.c.*, p. 219.

[51] C. Malabou, *Avant demain. Épigenèse et rationalité*, *o.c.*, p. 43.

[52] G. Bachelard, *La philosophie du non*, PUF, Paris, 1981, p. 64.

[53] G. Bachelard, « Noumène et microphysique », *Études*, Vrin, Paris, 1970, p. 11.

[54] C. Malabou, *Avant demain. Épigenèse et rationalité*, *o.c.*, p. 43.

[55] Kant, *Prolégomènes à toute métaphysique future*, AK. IV, 275, *o.c.*, p. 32.

[56] *Ibid.*

[57] M. Fichant, « Espace esthétique et espace géométrique chez Kant », *Revue de métaphysique et de morale*, N° 4/2004, p. 530.

[58] *Ibid.*, p. 549.

S'agissant de l'espace, l'exposition métaphysique met au jour une esthétique non « [affectée] »[59] par le rapport à la connaissance mathématique, ce qui a pour conséquence qu'à ce niveau « la question de [la] tridimensionnalité [...] ne se pose pas »[60] : « les géométries non euclidiennes n'affectent » donc « en rien la validité de l'Esthétique transcendantale »[61].

En outre, de même que les formes *a priori* de la sensibilité, dans leur dimension « métaphysique » (l'« exposition d'un concept est métaphysique lorsqu'elle ne sort pas de la caractérisation intrinsèque du concept »)[62], « [possèdent] [...] des caractères eidétiques qui ne relèvent pas de la géométrie »[63], de même la table de la « fonction logique de l'entendement dans les jugements »[64] (qui peut être reconnue comme la dimension logique « métaphysique » en sa distinction d'avec la dimension logique « transcendantale », cf. *supra* II) doit être pensée comme indépendante de la physique (newtonienne).

La structure « métaphysique » de l'espace (il est « donné », « originaire », « unique », « donné subjectivement », « infini en acte du côté du sujet », « fondement de la construction », « idéal [*Idealität*] »)[65] n'a « absolument rien à faire » avec l'espace du « géomètre »[66], lequel est « produit », « dérivé », « objectivement donné »,

---

[59] *Ibid.*

[60] F. Pierobon, *Kant et les mathématiques*, Vrin, Paris, 2003, p. 109.

[61] M. Fichant, « Espace esthétique et espace géométrique chez Kant », *o.c.*, p. 549.

[62] F. Pierobon, *Kant et la fondation architectonique de la métaphysique*, *o.c.*, p. 88.

[63] M. Fichant, « Espace esthétique et espace géométrique chez Kant », *o.c.*, p. 550.

[64] Kant, *CRP*, AK. III, 86/IV, 59, *o.c.*, p. 156.

[65] Kant, *Sur les articles de Kästner*, AK. XX, 419-421, trad. M. Fichant, *Philosophie*, n° 56, 1997, p. 17-18, cité par M. Fichant, « Espace esthétique et espace géométrique chez Kant », *o.c.*, p. 537.

[66] Kant, *Sur les articles de Kästner*, AK. XX, 421, *o.c.*, p. 18.

« fini »[67]. Ainsi, de même qu'il n'est pas exact que « la structure de l'espace comme intuition pure [soit] commandée de l'intérieur par les exigences idéalisantes propres aux sciences de la nature », c'est-à-dire par « l'orientation [...] de l'exposition transcendantale »[68], de même la « logique générale »[69], « métaphysique » (le « métaphysique » ou l'« « immanent » » « se limite au concept dont question »)[70], n'est pas elle-même « commandée de l'intérieur par les exigences » (cf. *supra*) de la science newtonienne. Mais, à la vérité, la logique transcendantale, qui, elle, ne fait pas « abstraction [...] de tout contenu de la connaissance », mais qui a « devant elle un divers de la sensibilité *a priori* que l'esthétique transcendantale lui offre pour donner une matière aux concepts purs de l'entendement »[71], la logique transcendantale, disons-nous, n'est pas davantage « commandée de l'intérieur par les exigences » (cf. *supra*) de la science newtonienne (cf. *infra* ce III).

Si la « vérité » de la logique générale est transcendantale au sens où la logique générale s'incarne et prend toute sa « signification » (non simplement « logique »)[72] dans la logique transcendantale, elle-même anhistorique (cf. *infra* ce III), logique d'un sujet qui fonde la possibilité de toute expérience ; si donc il y a, en ce sens, « dépendance » de la logique générale « à l'égard de la logique transcendantale », cela « n'ôte nullement à la première sa spécificité, et ne lève en rien la distinction entre les deux logiques » : la logique générale fonde « seule » les « formes discursives en tant que telles et quel que soit le registre (*a priori* ou *a posteriori*)

---

[67] *Ibid.*, AK. XX, 419-420, *o.c.*, p. 17-18, cité par M. Fichant, « Espace esthétique et espace géométrique chez Kant », *o.c.*, p. 537.

[68] Cf. D. Pradelle, *Par-delà la révolution copernicienne*, PUF, Paris, 2012, p. 14-15.

[69] Kant, *CRP,* AK. III, 90/IV, 63, *o.c.*, p. 161.

[70] F. Pierobon, *Kant et la fondation architectonique de la métaphysique*, *o.c.,* p. 88.

[71] Kant, *CRP,* AK. III, 90-91/IV, 63-64, *o.c.*, p. 161.

[72] *Ibid.*, AK. III, 139/IV, 104-105, *o.c.*, p. 230.

dans lequel elles s'exercent »[73]. Nous reconnaissons par là que le transcendantal est, en sa structure discursive, ancré dans une logique qui n'est aucunement subordonnée à un état donné de la science, en l'occurrence à la science newtonienne. Ainsi, du point de vue de sa fondation discursive, le transcendantal transcende (précisément au sens « trans-cendantal », cf. *supra* II) les sciences reconnues comme vraies par Kant. S'il y a « conditionnement réciproque des conditions matérielles de l'expérience et des *a priori* de l'expérience » au sens où « le sujet transcendantal n'engendre pas intégralement son objet, son monde », la « condition » des « *a priori* de connaissance kantiens » « [résidant] dans la possibilité de l'expérience »[74], les « principes » de l'entendement pur, ou « principes de l'expérience », doivent être reconnus, en tant que principes transcendantaux, comme les « lois essentielles de la nature, celles qui définissent la nature au sens formel », lois qu'il « ne faut [...] pas confondre [...] avec les lois fondamentales des sciences » qui, elles, « ne [peuvent] être [découvertes] que par expérience »[75].

Des « invariants viennent » donc « s'[...] inscrire » dans « l'expérience »[76], invariants transcendantaux, c'est-à-dire anhistoriques, « [faisant] partie de l'appareillage *a priori* » de la sensibilité et de « l'entendement »[77], et fondant la « relation » de la « représentation à l'objet »[78].

Penser que la logique transcendantale s'institue sur la base de la physique newtonienne, ce serait considérer la transcendantalité comme un « décalque [...] sur l'empirique », dans le sens où le transcendantal ne serait

---

[73] B. Longuenesse, *Kant et le pouvoir de juger*, PUF, Paris, 1993, p. 79.
[74] C. Piché, *Kant et ses épigones*, *o.c.*, p. 104 et 103.
[75] J. Rivelaygue, *Leçons de métaphysique allemande* II, *o.c.*, p. 126.
[76] F. Forestier, « Le transcendantal au service du phénomène. La libération transcendantale du phénoménologique et de la phénoménologie », *Eikasia*, mars-mai 2014, p. 245.
[77] S. Chauvier, « Kant et l'égologie », *Archives de Philosophie*, 2001/4, Tome 64, p. 658.
[78] Kant, *Lettre à Marcus Herz* (21 février 1772), AK. X, 130, *o.c.*, p. 132.

qu'une « copie » de la physique comprise comme pratique « expérientiable »[79], c'est-à-dire dans le sens où les « structures [...] transcendantales » seraient « [décalquées] » sur « les actes empiriques » de la « conscience psychologique »[80] (scientifique). Un tel argument, qui revient à « suspecter » l'« autonomie »[81] du transcendantal kantien, s'oppose à « l'intention expresse » de Kant, « qui prétend tout au contraire situer le transcendantal au niveau des conditions de possibilité de l'expérience [...], laquelle est quant à elle en position dérivée d'application »[82], ce qui doit se comprendre dans le sens de la distinction entre la « philosophie transcendantale » (« *ontologia* »)[83] et la « physique »[84]. La philosophie transcendantale est théorisée comme une « pensée immanente »[85], c'est-à-dire comme un « transcendantalisme dans l'immanence » au sens où l'« enquête critique [...] ne transcende [...] l'étant qu'en direction de la subjectivité »[86] (« La métaphysique, écrit Kant, [...] porte sur le sujet et plus précisément sur les lois de sa raison »[87]). Ainsi, la recherche fondationnelle sur le

[79] N. Depraz, « L'empirisme transcendantal : de Deleuze à Husserl », *Revue germanique internationale*, 13/2011, p. 132-133.
[80] G. Deleuze, *Différence et répétition*, PUF, Paris, 1968, p. 177, cité par N. Depraz, « L'empirisme transcendantal : de Deleuze à Husserl », *o.c.*, p. 132.
[81] N. Depraz, « L'empirisme transcendantal : de Deleuze à Husserl », *o.c.*, p. 131.
[82] *Ibid.*, p. 132.
[83] Kant, *CRP,* AK. III, 546, *o.c.*, p. 682.
[84] Kant, *Opus postumum*, AK. XXI, 407, *o.c.*, p. 3.
[85] Kant, « Lettre à Beck du 20 janvier 1792 », AK. XI, 300, trad. (dir. Marc B. de Launay), *Correspondance*, Gallimard, Paris, 1991, p. 498, cité par C. Serban, « Le statut du possible dans le discours critique de Kant et « la philosophie transcendantale des Anciens » », *Les Études philosophiques*, 2013/2, n° 105, p. 170.
[86] C. Serban, « Le statut du possible dans le discours critique de Kant et « la philosophie transcendantale des Anciens » », *o.c.*, p. 170.
[87] Kant, *Réflexion 3716*, AK. XVII, 259, cité par C. Serban, « Le statut du possible dans le discours critique de Kant et « la philosophie transcendantale des Anciens » », *o.c.*, p. 170.

« pouvoir de penser » « relève » « de façon essentielle » de l'« objectif principal » d'une déduction transcendantale (contrairement à ce que peut laisser penser la préface de la première édition de la *Critique de la raison pure*)[88]. Cette interrogation sur la « [possibilité] » du « pouvoir de penser »[89] (et de connaître) doit s'articuler à une réflexion (au sens du jugement réfléchissant) sur l'Idée de la « destination complète de l'être humain »[90] (cf. *infra* ce III) : c'est à cette condition que peut être compris le sens architectonique (téléologique) du « geste copernicien » (qui « consiste [...] à fonder les structures *a priori* de l'objet apparaissant sur les structures invariantes du sujet »)[91], geste constitutif, selon Kant, de la connaissance.

*

Mais, précisément, que le transcendantal soit la structure de la nature (cf. *supra* ce III) et de la nature envisagée à l'échelle macroscopique, cela ne revient-il pas à « [fonder] » la « doctrine kantienne des formes *a priori* de l'intuition et des concepts *a priori* [...] sur l'idée que la géométrie euclidienne et la science de la nature newtonienne fournissent la charpente définitive de notre image scientifique du monde »[92] ? Dès lors, n'est-il pas « clair que les développements scientifiques ultérieurs (géométries non euclidiennes, théories de la relativité restreinte et généralisée, mécanique quantique) ont depuis longtemps mis à mal ces illusions »[93] ? Ainsi, ne faut-il pas soutenir aujourd'hui que la « table des catégories de Kant n'[épuise] pas le champ

[88] Kant, *CRP,* AK. IV, 11-12, *o.c.*, p. 68.
[89] *Ibid.*, AK. IV, 12, *o.c.*, p. 68.
[90] *Ibid.*, AK. III, 543 *o.c.*, p. 679.
[91] D. Pradelle, *Par-delà la révolution copernicienne*, *o.c.*, p. 11.
[92] B. Longuenesse, « Les concepts *a priori* kantiens et leur destin », *Revue de métaphysique et de morale*, 2004/4, n° 44, p. 507.
[93] *Ibid.*

phénoménal »[94] et qu'il convient, pour le moins, de la réviser ?

Que penser donc du transcendantal kantien à l'épreuve de la science contemporaine ? Faut-il l'« abandonner » (cf. *supra* I) comme « [illusoire] »[95] ou privilégier une « version plastique et adaptative de l'épistémologie transcendantale »[96] kantienne, le transcendantal kantien étant alors pensé comme un système « en négociation constante avec lui-même »[97] ? D'un côté, la « raison [préexisterait] nécessairement aux éléments qu'elle ordonne » en tant qu'Idée d'une « [totalité] génératrice d'ordre et de validité » ; d'un autre côté, la « structure » du transcendantal se révélerait être « [malléable] »[98], une fois confrontée à des « « objets » de l'infiniment petit », aux « micro-objets »[99] de la physique nucléaire : ainsi se concevrait une « possible mutabilité du transcendantal »[100], une « propriété » transcendantale « de transformation, d'accomodation et de rectification »[101]. D'où l'idée de « généraliser les formes *a priori* kantiennes », d'« en formuler de plus universelles »[102]. De même que « l'astronomie de Newton est [...] finalement un cas particulier de la Panastronomie d'Einstein, comme la

---

[94] F. Forestier, *Le grain du sens*, Zeta Books, Bucarest, 2016, p. 99.

[95] B. Longuenesse, « Les concepts *a priori* kantiens et leur destin », *o.c.*, p. 507.

[96] M. Bitbol, *De l'intérieur du monde. Pour une philosophie et une science des relations*, *o.c.*, p. 189.

[97] C. Malabou, *Avant demain. Épigenèse et rationalité*, *o.c.*, p. 319.

[98] *Ibid.*, p. 316-317.

[99] J. Lamy, « Enquête sur le concept de « noumène » dans l'épistémologie bachelardienne. La physique contemporaine comme science nouménale », *Cahiers Gaston Bachelard*, Centre Georges Chevrier, Université de Bourgogne, 2005. [En ligne], https : //hal.archives-ouvertes.fr/hal-01831323/document (2019, p. 6 sur 26).

[100] C. Malabou, *Avant demain. Épigenèse et rationalité*, *o.c.*, p. 55.

[101] *Ibid.*, p. 317.

[102] M. Bitbol, « Kant et la mécanique quantique », *Ouvrir la logique au monde*, J.-B. Joinet et S. Tronçon (sous la direction de), Hermann, Paris, 2009. [En ligne], michel-bitbol.pagesperso-orange.fr/Kant QM – Cerisy 2006F.pdf (p. 11).

géométrie d'Euclide est un cas particulier de la Pangéométrie de Lobatchewsky »[103], de même il conviendrait de « formuler de nouvelles pré-conditions de la connaissance qui soient assez générales pour englober non seulement la physique classique, mais aussi le champ étendu de phénomènes pris en compte par les théories de la physique moderne »[104]. Ne serait-ce pas là « établir [...] un non-kantisme susceptible d'inclure la philosophie criticiste en la dépassant »[105] ?

Nous avons proposé[106] qu'une reprise transformante de l'*a priori* transcendantal théorique doit pouvoir s'opérer afin de rendre possible la constitution d'une objectivité à une autre échelle que celle de notre « expérience quotidienne »[107]. Cette reprise transformante de la table des catégories, comme œuvre de la réflexion transcendantale, serait, dans le domaine théorique, analogue à ce qu'elle est dans le domaine pratique et dans la critique esthétique[108]. Par hypothèse, la faculté de juger réfléchissante, reconnue alors comme origine du désenveloppement épigénétique de l'*a priori* transcendantal, participerait de la décision de la pensée d'actualiser, à l'occasion de l'expérience d'objets microphysiques, une dimension du transcendantal qui était, dans la première *Critique*, encore « [cachée] », « encore à l'état [...] enveloppé »[109]... Pourrait ainsi se concevoir une « validité » de l'*a priori* transcendantal qui ne serait plus « [restreinte] [...] à l'environnement immédiat du genre humain, autrement dit à un environnement dans lequel la physique classique reste une approximation satisfaisante »[110].

---

[103] G. Bachelard, *Le nouvel esprit scientifique*, PUF, Paris, 1984, p. 46.
[104] M. Bitbol, « Kant et la mécanique quantique », *o.c.*, p. 5.
[105] G. Bachelard, *La philosophie du non*, *o.c.*, p. 94.
[106] Cf. nos ouvrages *Qu'est-ce que la philosophie ?*, L'Harmattan, Paris, 2016, p. 58 sq., et *L'institution kantienne de l'humanité*, *o.c.*, p. 38 sq.
[107] G. Bachelard, « Noumène et microphysique », *o.c.*, p. 11.
[108] Cf. notre ouvrage *Phénoménologie de la réflexion dans la pensée critique de Kant*, L'Harmattan, Paris, 2002, p. 137-143, 159-164.
[109] Kant, *CRP*, AK. III, 539, *o.c.*, p. 675.
[110] M. Bitbol, « Kant et la mécanique quantique », *o.c.*, p. 5.

Que peut donc signifier, du point de vue du contrat transcendantal au sens kantien, l'essor de la science non-euclidienne et non-newtonienne ?

*

Dans le « concept de biangle »[111], soit dans le concept d'une « figure géométrique close [formée] au moyen de deux droites »[112], « il n'y a pas de contradiction », estime Kant[113], c'est-à-dire que le « bi-angle » peut être « [pensé], comme une fiction de l'esprit, dont la réalité est problématique » (le « bi-angle » « ne [peut] avoir de réalité que ce que [...] [la] pratique [...] mathématique [...] peut [lui] donner »)[114]. Ainsi, l'« impossibilité qui s'attache au biangle tient à sa construction dans l'espace »[115], c'est-à-dire que le « critère de la possibilité est [...] l'accord avec les conditions formelles de l'expérience »[116]. En ce sens, les géométries non-euclidiennes ne sont pas, pour Kant, « transcendantalement possibles »[117].

Que penser, à présent, de « [phénomènes] » qui ne pourraient pas être « [appréhendés] par l'intuition sensible », qui ne seraient plus des « objets au sens usuel de ce terme, c'est-à-dire qu'on ne [pourrait] [...] poser devant un sujet qui n'aurait plus qu'à les observer pour les décrire »[118] ? Que penser de phénomènes qui « [s'anéantiraient totalement] »,

---

[111] F.-X. Chenet, *L'assise de l'ontologie critique*, Presses Universitaires de Lille, 1994, p. 150.

[112] J.-J. Delfour, « L'espace et la spatialité chez Kant (Esthétique transcendantale, § 2 et 3) », *Kairos* N° 22, 2003, p. 42.

[113] Kant, *CRP,* AK. III, 187/IV, 146, *o.c.*, p. 278.

[114] F. Pierobon, *Kant et les mathématiques*, *o.c.*, p. 107.

[115] F.-X. Chenet, *L'assise de l'ontologie critique*, *o.c.*, p. 150.

[116] S. Chauvier, « Concevabilité et possibilité : Kant ou Kripke », *Les Études philosophiques*, 2008/1 (n° 84), p. 10.

[117] M. Bitbol, « Kant et la mécanique quantique », *o.c.*, p. 7.

[118] J. Lamy, « Enquête sur le concept de « noumène » dans l'épistémologie bachelardienne. La physique contemporaine comme science nouménale », *o.c.*, p. 5-6.

« l'universalité de la substance-réalité et l'universalité de la substance-catégorie » étant « [niées] », de phénomènes qui, comme « êtres simples », « se [décomposeraient] », de « choses qui [deviendraient] des riens », « cette dialectique chose-rien » devant être pensée « autrement que [comme] le devenir d'une chose, en dehors de la catégorie de causalité »[119] ? Comment donc juger une nature dans laquelle « [substance] et causalité [subiraient], ensemble, une éclipse »[120] ? Kant ne jugerait-il pas transcendantalement impossibles (cf. *supra* ce III) une telle nature et la « science » dont elle serait l'objet ? Ne jugerait-il pas que de telles hypothèses sont incompatibles avec la « constitution » du « tribunal légitime » de la Critique qui est la « condition de possibilité fondamentale de toute connaissance »[121] ?

Que penser donc, d'un point de vue kantien, de la physique quantique ? Est-il légitime de reconnaître en elle une science, « [renfermant] », comme telle, « des propositions reconnues, d'une façon générale, comme vraies »[122], des « jugements » que « nous tenons pour objectifs et valables pour tous »[123] ? Il s'agit de se demander si ses démarches sont compatibles avec l'Idée kantienne du « contrat d'humanité » (cf. *infra* IV). La légitimité du « contrat intellectuel originaire »[124] qui fonde (l'Idée de) la transcendantalité théorique réside dans le fait que cette transcendantalité rend possible (la constitution de) la « vérité » (scientifique), et cette légitimité n'est pleinement établie devant le tribunal de la Critique qu'à la faveur d'une réflexion (au sens du jugement réfléchissant téléologique) sur

---

[119] G. Bachelard, *La philosophie du non*, *o.c.*, p. 64.

[120] *Ibid.*

[121] L. F. Garcia, « La matrice juridique et révolutionnaire de la pensée kantienne », *o.c.*, p. 668.

[122] Kant, *Prolégomènes à toute métaphysique future*, AK. IV, 275, *o.c.*, p. 32-33, cité par M. Canivet, « La déduction transcendantale de Kant au point de vue social », *o.c.*, p. 49-50.

[123] M. Canivet, « La déduction transcendantale de Kant au point de vue social », *o.c.*, p. 64.

[124] *Ibid.*, p. 70.

l'Idée de « vérité » dans son rapport à l'Idée de la « destination complète de l'être humain »[125]. La question est de savoir en quel sens l'Idée criticiste du « contrat intellectuel originaire »[126] peut être reconnue comme « résidu » « irréductible », comme valeur qui « résiste »[127] quand il s'agit de juger de la scientificité de toute démarche entreprise en vue de la connaissance. Ce qui suppose de s'interroger sur la légitimité de ce « contrat intellectuel », c'est-à-dire sur la légitimation transcendantale qu'en propose la philosophie critique.

À la vérité, toute démarche théorique est compatible avec l'Idée kantienne de la science, c'est-à-dire avec l'Idée du contrat que l'humanité doit passer avec elle-même pour que ses démarches puissent être reconnues légitimement comme « scientifiques », à partir du moment où elle constitue « une connaissance à vocation universelle »[128] : « toutes nos opérations, pour être vraies et pour représenter un objet, doivent communier dans un même dessein fondamental »[129].

Si, du point de vue théorique, la mathématique et la physique, telles que les conçoit Kant, peuvent être « [érigées] en paradigmes de la scientificité »[130], c'est en tant qu'elles peuvent « déterminer leurs objets *a priori*, la première de façon entièrement pure, la seconde du moins en partie »[131]. Du point de vue du « concept cosmique »[132] de la philosophie, la mathématique et la physique peuvent être reconnues comme « [légitimes] » en tant que « [démarches

---

[125] Kant, *CRP,* AK. III, 543, *o.c.*, p. 679.

[126] M. Canivet, « La déduction transcendantale de Kant au point de vue social », *o.c.*, p. 70.

[127] C. Malabou, *Avant demain. Épigenèse et rationalité*, *o.c.*, p. 187-188.

[128] M. Bitbol, « Kant et la mécanique quantique », *o.c.*, p. 19.

[129] J. Lacroix, *Kant et le kantisme*, PUF, Paris, 1966, p. 42.

[130] O. Tinland, « À quelles conditions une philosophie « quasi-transcendantale » est-elle possible ? : Habermas, Kant et le problème de la détranscendantalisation », *Philosophiques*, Volume 43, numéro 2, automne 2016, p. 212.

[131] Kant, *CRP,* AK. III, 9, *o.c.*, p. 74-75.

[132] *Ibid.*, AK. III, 542, *o.c.*, p. 678.

théoriques] », dans la mesure où elles correspondent au « critère de validité » de la science telle que l'établit la « critique de la connaissance »[133], ce qui suppose que l'entreprise cognitive s'inscrive dans l'« inspiration architectonique fondamentale »[134] du criticisme.

Les trois « sciences rationnelles pures », soit la « mathématique pure », la « philosophie transcendantale » et la « morale pure »[135], correspondent, du point de vue de l'« unité systématique » des « pouvoirs de connaître », à l'« entendement », à la « faculté de juger » et à la « raison » (pratique)[136]. Que la philosophie transcendantale corresponde architectoniquement à la faculté de juger signifie qu'elle s'institue comme lieu d'une réflexion transcendantale sur le passage, sur le passage de l'intelligible au sensible (au sens strict, la « philosophie transcendantale contient l'appareil schématique (Idées, concepts) qui permet de passer de l'intelligible au sensible par plusieurs étapes elles-mêmes systématiquement divisées »[137]), mais aussi comme lieu d'un jugement réfléchissant (au sens de la troisième *Critique*) sur l'universel propre à la science rationnelle pure (le « concept scientifique de la raison »[138]) et sur le passage du domaine de la nature à celui de la liberté. Ainsi, la question de la science s'articule architectoniquement (sur le mode du jugement réfléchissant) à celle de la moralité : « [il] faut [...] qu'il y ait un fondement de l'unité du suprasensible, qui est à la base de la nature, avec ce que le concept de liberté contient dans le

---

[133] O. Tinland, « À quelles conditions une philosophie « quasi-transcendantale » est-elle possible ? : Habermas, Kant et le problème de la détranscendantalisation », *o.c.*, p. 212.

[134] M. Girel, « L'ordre des relations : catégories et pragmatisme dans les *Harvard Lectures* de C.S. Peirce », *Cahiers de philosophie du langage*, n° 5, L'Harmattan, 2003, p. 22.

[135] Kant, *CRP,* AK. III, 332, *o.c.*, p. 464.

[136] Kant, *CJ,* AK. V, 197, *o.c.*, p. 177.

[137] F. Pierobon, « L'architectonique et la faculté de juger », *L'esthétique de Kant*, H. Parret (éd.), De Gruyter, Berlin, 1998, p. 14.

[138] Kant, *CRP,* AK. III, 539, *o.c.*, p. 674.

registre pratique »[139] (le problème étant de penser l'Idée d'un tel fondement).

Il y va donc ici de l'Idée d'humanité, soit de l'Idée qui fonde (sur le mode du jugement réfléchissant) « l'établissement [...] d'un état civil où nous partageons tous un champ d'expérience commun en tant que citoyens du monde »[140]. Il s'agit de « se déprendre d'intérêts empiriques particuliers au profit d'une loi commune », de « se reconnaître comme membre d'un espace logique, moral et culturel commun »[141], exigence que légitime l'Idée kantienne de la « fin finale » (*Endzweck*)[142] de l'humanité. C'est cette Idée qui fonde, selon l'usage pratique de la raison et sur le mode du jugement réfléchissant, la légitimité de l'Idée transcendantale de la nécessité théorique.

Ainsi, l'Idée transcendantale de la nécessité rationnelle théorique se fonde dans l'Idée du « concept scientifique de la raison », lequel « contient [...] le but et la forme du tout qui est congruent avec ce but », c'est-à-dire que « nos connaissances » doivent s'inscrire dans un « système [...] au sein duquel seulement elles peuvent soutenir et favoriser les fins essentielles de la raison »[143] et, plus précisément, sa fin « [suprême] », morale[144].

Dès lors, poser le problème d'une « déduction » transcendantale pratique revient architectoniquement, sur le mode du jugement réfléchissant (c'est-à-dire de la réflexion sur le passage entre le domaine de la nature et celui de la liberté), à pousser aussi loin que possible, dans les limites du criticisme, la déduction transcendantale des *a priori* théoriques.

---

139 Kant, *CJ,* AK. V, 176, *o.c.*, p. 154.

140 L. F. Garcia, « La matrice juridique et révolutionnaire de la pensée kantienne », *o.c.*, p. 662.

141 *Ibid.*, p. 661-662.

142 Kant, *CRP,* AK. III, 543, *o.c.*, p. 679.

143 *Ibid.*, AK. III, 538-539, *o.c.*, p. 674.

144 *Ibid.*, AK. III, 543, *o.c.*, p. 678-679.

*

La loi morale « nous fournit [...] un fait absolument inexplicable à partir de toutes les données du monde sensible et par l'usage le plus ample de notre raison théorique »[145]. La factualité de la loi morale, factualité non pas empirique, mais proprement rationnelle (la loi morale est reconnue par Kant comme « le fait unique de la raison pure »[146]), qui n'« [ouvre] » pas seulement « [un chemin] vers l'En-soi »[147], mais qui le « révèle » (cf. *infra* ce III) jusqu'à un certain point, est « indéductible » (« la réalité objective de la loi morale ne peut être prouvée par aucune déduction, par aucun effort de la raison théorique, spéculative ou empiriquement étayée »[148]). C'est un « fait » *rationnel* que la loi morale « fonde la législation de la raison »[149], c'est-à-dire que l'on ne peut « faire apparaître le droit ou la légitimité »[150] de la « proposition-fondamentale suprême »[151] de la critique pratique : sa légitimité apparaît d'elle-même et *doit* être reconnue. La loi morale se justifie architectoniquement en tant qu'elle nous fait « [accéder] à la conscience de la liberté »[152], en tant qu'elle « révèle immédiatement en nous [...] [l']existence [de la liberté] », produisant ainsi un « savoir »[153] (au sens de l'usage pratique de la raison) qui fonde l'Idée de la « destination complète de l'être humain »[154], donc la critique pratique (si « [nous] savons que

---

145 Kant, *CRPr,* AK. V, 43, *o.c.*, p. 142-143.

146 *Ibid.*, AK. V, 31, *o.c.*, p. 128.

147 E. Husserl, *La crise des sciences européennes et la phénoménologie transcendantale*, trad. G. Granel, Gallimard, Paris, 1995, p. 110.

148 Kant, *CRPr,* AK. V, 47, *o.c.*, p. 148.

149 R. Eisler, *Kant-Lexikon*, trad. A.-D. Balmès et P. Osmo, Gallimard, Paris, 1994, p. 236.

150 Kant, *CRP,* AK. III, 99/IV, 68, *o.c.*, p. 169.

151 Kant, *CRPr,* AK. V, 46, *o.c.*, p. 147.

152 *Ibid.*, AK. V, 4, *o.c.*, p. 90.

153 M. Gueroult, *Études sur Fichte*, Aubier, Paris, 1974, p. 58, cité par J.-P. Fussler, *in* Kant, *CRPr*, Introduction, *o.c.*, p. 68-69.

154 Kant, *CRP,* AK. III, 543, *o.c.*, p. 679.

nous sommes libres, [...] nous ne savons pas ce qu'est cette liberté », « l'extériorité de notre savoir par rapport à la nature de ce qu'il pose » ouvrant sur le « postulat »[155] de la liberté en tant que « [croyance] » qui « [désigne] un ordre de choses à venir », la « liberté [étant] [...] le véritable pivot de la doctrine des postulats »[156]).

Mais, à la vérité, la pensée de la loi morale comme conscience immédiate de la liberté participe, selon nous, d'une « déduction » transcendantale (pratique) dont nous nous proposons de préciser le sens. Dans cette « déduction », qui englobe la théorie des postulats (cf. *infra* ce III), il y va de la fin « suprême »[157] de la philosophie.

« Déduire » la loi morale, ce serait montrer la légitimité de sa reconnaissance comme « fait de la raison », soit établir l'« absoluité »[158] de la loi morale, donc l'Idée d'une fondation absolue de l'humanité (Idée de l'« être humain » comme « être raisonnable » qui « doit se considérer toujours comme exerçant son activité de législateur dans un règne des fins », ce qui lui confère une « valeur absolue », « inconditionnée », « c'est-à-dire une dignité »[159]).

*

« [Pourquoi] faire de la science ?, s'interroge B. Rousset. Pour être une personne [...] C'est le principe même de l'éducation, c'est pour être une personne qu'il faut faire de la physique »[160]. Ainsi, du point de vue de la réflexion (au sens

---

[155] J.-P. Fussler, *in* Kant, *CRPr*, Introduction, *o.c.*, p. 69.

[156] P. Ricœur, *Le conflit des interprétations*, Seuil, Paris, 1969, p. 408-409.

[157] Kant, *CRP,* AK. III, 543, *o.c.*, p. 678.

[158] Cf. notre ouvrage *Kant. Une sagesse pour notre temps*, *o.c.*, p. 73-75, 77.

[159] Kant, *Métaphysique des mœurs* I, *Fondation*, AK. IV, 428, 434, 435-436, *o.c.*, p. 107, 114-115, 116-117.

[160] B. Rousset, *in* F. Marty, « L'*Opus postumum* kantien, une quatrième Critique ? », *Bulletin de la Société française de philosophie*, n° 4, 1988, A. Colin, p. 143.

du jugement réfléchissant) sur l'Idée « originaire d'une philosophie de la raison pure »[161], la valeur de la science réside dans sa capacité à se questionner sur le sens (moral) de ses démarches. C'est donc dans cette capacité que résiderait le critère ultime de la scientificité au sens théorique.

Kant soutient qu'il faut penser une « unité » de la « raison pure pratique [...] avec la raison spéculative dans un principe commun, étant entendu qu'en définitive il ne saurait [...] y avoir qu'une seule et même raison »[162]. Architectoniquement, « raison théorique et raison pratique concordent en ce que les idées conçues par la première, mais sans pouvoir être légitimement érigées en connaissances (idées de la liberté, de l'immortalité, de Dieu) sont précisément des idées dont la seconde a besoin et auxquelles, à ce titre, se rapportent des objets »[163]. Ce qui doit se concevoir dans le sens d'un « primat de la raison pratique sur la raison théorique »[164] : « pour l'appréciation de l'intérêt que respectivement elles présentent, la raison théorique et la raison pratique admettent entre elles un rapport de hiérarchie selon lequel la raison pratique a la suprématie sur la raison spéculative »[165].

Ainsi, la « croyance de la raison » (*Vernunftglaube*) est la « boussole qui [permet] [...] à [...] [la] raison commune [...] (moralement) saine de tracer son chemin » dans le domaine « théorique »[166].

Plus précisément, l'Idée de la théologie rationnelle, morale, fonde transcendantalement (sur le mode du jugement réfléchissant téléologique), en tant qu'Idée du « [lieu] de

---

[161] Kant, *CRP,* AK. III, 547, *o.c.*, p. 683.

[162] Kant, *Métaphysique des mœurs* I, *Fondation,* AK. IV, 391, *o.c.*, p. 57.

[163] V. Delbos, *in* Kant, *Fondements de la métaphysique des mœurs*, trad. V. Delbos, Delagrave, Paris, 1980, note 23, p. 83.

[164] B. Rousset, *in* F. Marty, « L'*Opus postumum* kantien, une quatrième Critique ? », *o.c.*, p. 143.

[165] V. Delbos, *in* Kant, *Fondements de la métaphysique des mœurs*, *o.c.*, note 23, p. 83.

[166] Kant, *Que signifie s'orienter dans la pensée ?*, AK. VIII, 142, *o.c.*, p. 66.

fondation » de l'« humanité », dirait A.-M. Roviello[167], l'entreprise criticiste. Elle doit ainsi être pensée comme fondation transcendantale (au sens qui vient d'être précisé) de l'Idée du « contrat intellectuel originaire »[168], donc de la démarche scientifique, lui donnant son but, son sens architectoniques, et ce, transcendantalement, c'est-à-dire indépendamment de l'attitude de conscience psychologique, contingente, de ceux qui constituent empiriquement la « communauté scientifique »[169].

L'Idée de la théologie rationnelle doit être pensée, nous l'avons établi ailleurs[170], comme l'« accomplissement »[171] fondationnel de la critique pratique. L'Idée de la théologie rationnelle serait donc ce en quoi se réalise pleinement la « déduction » transcendantale de la loi morale au sens où nous l'entendons. Il ne saurait s'agir de légitimer (au sens critique) la loi morale en fondant le discours pratique dans l'Idée de Dieu : l'« obligation » morale « repose uniquement sur l'autonomie de la raison » (non sur l'« existence de Dieu »)[172]. Ce que nous entendons par « déduction » transcendantale pratique n'est autre que l'examen critique des « [implications existentielles] » de la loi morale : il est alors question de la « postulation pratique qui constitue la raison pure en tant qu'exigence de totalité », de ce qui est « [enveloppé] par l'exigence d'achèvement, de totalité qui constitue la raison pratique dans sa pureté essentielle »[173].

La loi morale, qui, au sens strict, n'a pas à être « déduite » et qui ne peut d'ailleurs l'être (cf. *supra* ce III), est, en un sens plus large, légitimée en sa nécessité transcendantale non

---

[167] A.-M. Roviello, *L'institution kantienne de la liberté*, *o.c.*, p. 52.

[168] M. Canivet, « La déduction transcendantale de Kant au point de vue social », *o.c.*, p. 70.

[169] *Ibid.*, p. 68.

[170] Cf. nos ouvrages *Le problème kantien de l'éthique*, L'Harmattan, Paris, 2014, p. 37-49 ; *L'institution kantienne de l'humanité*, *o.c.*, p. 60-65 ; *Kant. Une sagesse pour notre temps*, *o.c.*, p. 68-75.

[171] P. Ricœur, *Le conflit des interprétations*, *o.c.*, p. 408.

[172] Kant, *CRPr*, AK. V, 125-126, *o.c.*, p. 251.

[173] P. Ricœur, *Le conflit des interprétations*, *o.c.*, p. 409.

seulement comme pensée de la valeur absolue de l'être humain (cf. *supra* ce III et *infra* IV), mais aussi en ce qu'elle ouvre sur une théorie des postulats que fonde l'Idée de l'« achèvement de la volonté »[174] (cf. *infra* ce III), Idée qui doit être pensée comme l'« implication »[175] de la loi morale. Si la théorie des postulats « n'ajoute rien au principe de la moralité » ni à la « connaissance de notre devoir », « elle donne à notre volonté [...] une visée »[176]. À ceux qui contestent l'absoluité de la loi morale[177] et le caractère absolu du « droit des hommes »[178], il s'agit d'opposer la légitimité d'une pensée dont la « sagesse » (à entendre au sens d'une « ascétique éthique »[179], cf. *infra* IV) s'accomplit dans la visée de l'Idée de la « fin finale » (*Endzweck*) de l'existence humaine, Idée à laquelle le « fait » de la loi morale conduit rationnellement et qui s'articule au « concept de souverain bien » (l'Idée même de l'« achèvement de la volonté »)[180].

Mutatis mutandis, les formulations[181] de la loi morale sont, comme la « postulation pratique », des « [explicitations] »[182] du « sens »[183] de la loi morale, la différence résidant dans le fait que les formulations de la loi morale en explicitent le sens « [immédiat] » (au sens où « si je conçois un impératif catégorique, je sais immédiatement

---

[174] *Ibid.*, p. 407.

[175] *Ibid.*, p. 409.

[176] *Ibid.*, p. 406.

[177] Cf. notre ouvrage *Kant. Une sagesse pour notre temps*, *o.c.*, p. 73-77.

[178] Kant, *Vers la paix perpétuelle*, AK. VIII, 352, trad. J.-F. Poirier et F. Proust, GF Flammarion, Paris, 1991, p. 87.

[179] Kant, *Métaphysique des mœurs* II, *Doctrine de la vertu*, AK. VI, 484, trad. A. Renaut, GF Flammarion, Paris, 1994, p. 363. Cf. notre ouvrage *Kant. Une sagesse pour notre temps*, *o.c.*, p. 53-61, 76-81.

[180] P. Ricœur, *Le conflit des interprétations*, *o.c.*, p. 407.

[181] Kant, *Métaphysique des mœurs* I, *Fondation*, AK. IV, 421 sq., trad. A. Renaut, *o.c.*, p. 97 sq.

[182] P. Ricœur, *Le conflit des interprétations*, *o.c.*, p. 409.

[183] A. Renaut, *in* Kant, *Métaphysique des mœurs* I, *Fondation*, *o.c.*, note 40, p. 194.

ce qu'il contient »[184]), alors que les postulats « expriment » une « « extension » – *Erweiterung* – » qui est « une « ouverture » » à « l'espérance »[185].

La « déduction » transcendantale (théorique et) pratique met au jour des « [implications] » « [existentielles] »[186] qui légitiment, en raison de leur valeur du point de vue de l'accomplissement de la « destination complète de l'être humain »[187], les « prétentions » de la Critique « à l'assentiment d'autrui »[188]. Si la « validité d'une philosophie se mesure à ses résultats sociaux et politiques »[189], la nécessité rationnelle du transcendantalisme criticiste, sa légitimité, sa « vérité », résideraient dans l'Idée morale (et politique) de l'homme que ce transcendantalisme promeut, Idée qui se révèle être, à la lumière de la « déduction » transcendantale du criticisme (telle que nous l'entendons, cf. *supra* ce III), la fondation (sur le mode du jugement réfléchissant) des *a priori* transcendantaux.

Dès lors, la communauté humaine est mise en demeure ou bien de reconnaître la nécessité rationnelle et la « vérité » de l'Idée criticiste de l'éthique[190] et de la politique (l'Idée de la démocratie, en son vrai sens, est la traduction politique de la

---

[184] Kant, *Métaphysique des mœurs* I, *Fondation*, AK. IV, 420, *o.c.*, p. 97.

[185] P. Ricœur, *Le conflit des interprétations*, *o.c.*, p. 409.

[186] *Ibid.*

[187] Kant, *CRP*, AK. III, 543, *o.c.*, p. 679.

[188] M. Canivet, « La déduction transcendantale de Kant au point de vue social », *o.c.*, p. 71.

[189] J.-P. Cometti, « Raison, argumentation et légitimation : Habermas, Apel et les apories de la communication », *Philosophiques*, vol. 19, n° 1, 1992, p. 10. Cf. R. Rorty, *Contingency, Irony and Solidarity*, Cambridge University Press, 1989, p. 83, cité par J.-P. Cometti, *o.c.*, note 26, p. 21 : « Habermas partage avec les Marxistes et avec beaucoup de ceux qu'il critique l'idée que le sens véritable d'une position philosophique réside dans ses implications politiques, et que le système de référence fondamental à l'intérieur duquel il convient de juger un philosophe [...] est politique » (notre traduction).

[190] Cf. nos ouvrages *Le problème kantien de l'éthique*, *o.c.*, et *Kant. Une sagesse pour notre temps*, *o.c.*

philosophie morale de Kant[191]), ou bien de proposer pour cette même Idée une fondation transcendantale différente, ou bien de proposer au « consentement universel »[192] une autre Idée (éthique et politique) de l'homme (autre donc que l'Idée de la valeur « absolue », au sens de l'« absoluité » de la loi morale[193], de l'humanité), par conséquent l'Idée d'un autre contrat d'humanité.

[191] Cf. notre ouvrage *Le projet démocratique. Recherche kantienne*, L'Harmattan, Paris, 2018.
[192] Kant, *Prolégomènes à toute métaphysique future*, AK. IV, 275, *o.c.*, p. 33.
[193] Cf. notre ouvrage *Kant. Une sagesse pour notre temps*, *o.c.*, p. 73-77.

Chapitre IV
Philosophie et contrat d'humanité

L'Idée d'un contrat d'humanité apparaît lors de l'examen critique du jugement esthétique, lequel s'articule à l'Idée du sens commun comme exigence d'une « communicabilité universelle de l'état d'esprit dans la représentation donnée », Idée qui, « comme condition subjective du jugement de goût, doit nécessairement être à son fondement et avoir pour conséquence le plaisir pris à l'objet »[1]. Ainsi, « chacun attend et exige de chacun qu'il prenne en compte cette communication universelle, pour ainsi dire comme si elle résultait d'un contrat originaire dicté par l'humanité elle-même »[2].

« [Le] « contrat », écrit A.-M. Roviello, n'est pas une origine naturelle ou transcendante pour l'homme, mais il ne se réduit pas non plus à une simple convention [...] empirique [...] Il dérive d'une « décision transcendantale » »[3]. En tant qu'« [Idée] » (transcendantale), il est donc un « idéal régulateur » et « l'index d'une tâche infinie »[4].

L'Idée de ce contrat est présupposée (« présupposition [...] produite dans l'indétermination quant à la réalité de ce qui est présupposé »[5]) comme fondation (sur le mode du jugement réfléchissant), à concevoir comme exigence, d'une

---

[1] Kant, *CJ*, AK. V, 217, *o.c.*, p. 195.
[2] *Ibid.*, AK. V, 297, *o.c.*, p. 282.
[3] A.-M. Roviello, *L'institution kantienne de la liberté*, *o.c.*, p. 53.
[4] F. Dastur, « Phénoménologie et anthropologie », *Alter*, 23/2015, p. 33.
[5] A.-M. Roviello, *L'institution kantienne de la liberté*, *o.c.*, p. 44.

« partageabilité »[6] du sentiment (qui, dans la « faculté de juger esthétique », « [désigne] un effet de la simple réflexion sur l'esprit »[7]), d'un « sentiment commun »[8]. Ce qui est alors présupposé, c'est « la faculté d'éprouver du sentiment en commun, de consentir, de se donner le consentement mutuel, de s'entendre »[9].

L'Idée transcendantale d'un contrat d'humanité est donc ce que l'on « doit admettre »[10], « sans quoi il n'y aurait aucun espoir que les humains s'entendent jamais ; ni aucune raison de vouloir qu'ils puissent s'entendre un jour ; ni même aucune nécessité de penser qu'ils le doivent » : l'Idée du « sens commun, c'est l'[Idée] que les humains peuvent et doivent s'entendre et que telle est leur destination »[11].

Pas de connaissance possible sans la présupposition d'une « [communicabilité] [universelle] » de « l'état d'esprit, c'est-à-dire [de] l'accord des facultés cognitives en vue d'une connaissance en général, et plus précisément [de] cette proportion qui convient à une représentation »[12]. Ainsi, les jugements de la « critique »[13] théorique et pratique présupposent l'Idée d'une partageabilité de l'« état d'esprit », de la « proportion », constituant ces jugements.

Nous dirions de l'Idée du sens commun ce que M. Richir dit au sujet de la « Loi morale », à savoir qu'elle est le « point d'ouverture au sensé, lequel est [...], *ipso facto*,

---

[6] J.-F. Lyotard, *Leçons sur l'Analytique du sublime*, Galilée, Paris, 1991, p. 238.
[7] Kant, *CJ*, AK. V, 295, *o.c.*, p. 280.
[8] T. de Duve, « Le jugement esthétique, fondement transcendantal de la démocratie », *Noesis* [En ligne], 11/2007, mis en ligne le 06 octobre 2008. URL : http : //journals.openedition.org/noesis/853 (p. 3/8).
[9] *Ibid.*
[10] Kant, *Que signifie s'orienter dans la pensée ?*, AK. VIII, 146, *o.c.*, p. 71.
[11] T. de Duve, « Le jugement esthétique, fondement transcendantal de la démocratie », *o.c.*, p. 3/8.
[12] Kant, *CJ*, AK. V, 238, *o.c.*, p. 218.
[13] *Ibid.*, AK. V, 294, *o.c.*, p. 279.

trans-subjectif »[14]. Plus précisément, nous reconnaîtrions dans l'Idée du sens commun l'Idée d'une réflexion (au sens du jugement réfléchissant) qui, visant l'universel (humain), œuvre comme le « foyer » le plus « originaire », dirait O. Chédin[15], de l'architectonique des pouvoirs de l'esprit, soit dans l'« entendement » (le « pouvoir de connaître ») et dans la « raison »[16] pratique pure (pour entendre raison, c'est-à-dire « entendre la loi morale »[17], il faut que mon être « se [tienne] par avance dans », c'est-à-dire « [forme] originellement », dirait M. Heidegger, le « domaine d'ouverture [...] à l'intérieur duquel »[18] la « conscience » peut me faire entendre sa « voix »[19], ce qui requiert transcendantalement la « décision » (cf. *supra* ce IV) d'instituer l'Idée d'un contrat d'humanité).

Ainsi, la « pensée n'accède à son humanité que si elle est communicable au moins en principe, c'est-à-dire si elle s'ouvre de l'intérieur d'elle-même au *Gemeinsinn* », si elle ne « [rompt] » pas « avec ce qui en [elle] fonde [...] son humanité »[20], c'est-à-dire l'exigence du sens, à entendre comme exigence d'un « accord universel des subjectivités »[21].

C'est dans cette perspective que se conçoit l'Idée transcendantale du contrat comme fondation d'un « peuple »[22], soit l'exigence d'instituer une « société civile

---

[14] M. Richir, « Du sublime en politique », *o.c.*, p. 419.

[15] O. Chédin, *Sur l'esthétique de Kant*, *o.c.*, p. 282.

[16] Kant, *CJ*, AK. XX, 246, *o.c.*, p. 136.

[17] M. Cohen-Halimi, *Entendre raison. Essai sur la philosophie pratique de Kant*, Vrin, Paris, 2004, p. 352.

[18] M. Heidegger, *Kant et le problème de la métaphysique*, *o.c.*, p. 129.

[19] Kant, *Métaphysique des mœurs* II, *Doctrine de la vertu*, AK. VI, 438, *o.c.*, p. 295.

[20] A.-M. Roviello, *L'institution kantienne de la liberté*, *o.c.*, p. 54 et 53.

[21] T. de Duve, « Le jugement esthétique, fondement transcendantal de la démocratie », *o.c.*, p. 3/8.

[22] Cf. notre ouvrage *Le projet démocratique. Recherche kantienne*, *o.c.*, p. 67 sq.

juridique »[23] républicaine qui « [traduise] » « l'idée du « règne des fins » »[24], du moins autant qu'il est possible dans les limites de l'« analogie » entre la « société civile juridique » et la « société civile éthique »[25].

*

Le critère permettant de « reconnaître ce qui confère à certaines propositions le statut de « connaissances » (vraies) » dans le domaine théorique, « valides » dans le domaine pratique (« reconnaissance de la validité » pratique de « normes »)[26], est un critère moral. Ainsi, l'Idée kantienne de la « rationalité pratique » fonde transcendantalement la « [validation] » de nos stratégies cognitives et de « nos normes d'action »[27].

Plus précisément, si l'on conçoit la « loi fondamentale de la raison pratique » comme une « « règle de reconnaissance » permettant de savoir, parmi les énoncés normatifs, lesquels sont effectivement universalisables et donc rationnellement consistants »[28], cette loi fondamentale est fondée, sur le mode du jugement réfléchissant, dans l'Idée du sens commun, qu'il faut penser en sa destination (politique et) morale. L'Idée transcendantale pratique du sens commun est donc requise, quand il s'agit de penser le fait que les

---

[23] Kant, *La religion dans les limites de la simple raison*, AK. VI, 94, *o.c.*, p. 173.

[24] J. Habermas, *Entre naturalisme et religion*, trad. C. Bouchindhomme et A. Dupeyrix, Gallimard, Paris, 2008, p. 28.

[25] Kant, *La religion dans les limites de la simple raison*, AK. VI, 94, *o.c.*, p. 173.

[26] J.-F. Kervégan, *La raison des normes*, Vrin, Paris, 2015, p. 81.

[27] O. Tinland, « À quelles conditions une philosophie « quasi-transcendantale » est-elle possible ? : Habermas, Kant et le problème de la détranscendantalisation », *o.c.*, p. 220.

[28] J.-F. Kervégan, *La raison des normes*, *o.c.*, p. 82.

« sujets » soient « disposés à l'intercompréhension » et à « [s'orienter] en fonction de prétentions à la validité »[29].

Le transcendantal kantien n'est en rien cet « attirail inadapté »[30], sourd à l'impératif d'« émancipation », de « transformation rationnelle des conditions d'existence », indifférent aux « résultats sociaux et politiques »[31]. Au contraire, si la « nécessité »[32] transcendantale au sens kantien (nécessité propre à la « vérité et à la validité normative »[33]) n'est aucunement constituée par la « contingence empirique des contextes sociaux de la vie humaine »[34], il faut toutefois penser, chez Kant, une « socialité de la raison »[35].

L'Idée transcendantale du sens commun doit être reconnue comme fondation (sur le mode du jugement réfléchissant téléologique) d'un espace républicain (cf. *supra* ce IV)[36] dans lequel peut être examinée, selon l'« usage public de [la] raison »[37], la légitimité de l'Idée criticiste de l'« universalité morale »[38], universalité d'un « principe moral » sur lequel, en tant que sa « fondation » est

[29] O. Tinland, « À quelles conditions une philosophie « quasi-transcendantale » est-elle possible ? : Habermas, Kant et le problème de la détranscendantalisation », *o.c.*, p. 217.

[30] *Ibid.*, p. 220.

[31] J.-P. Cometti, « Raison, argumentation et légitimation : Habermas, Apel et les apories de la communication », *o.c.*, p. 8, 9 et 10.

[32] O. Tinland, « À quelles conditions une philosophie « quasi-transcendantale » est-elle possible ? : Habermas, Kant et le problème de la détranscendantalisation », *o.c.*, p. 206.

[33] *Ibid.*

[34] *Ibid.*

[35] T. Pinkard, *Hegel's Phenomenology. The Sociality of Reason*, Cambridge University Press, 1996, cité par J.-F. Kervégan, *La raison des normes*, *o.c.*, p. 184.

[36] Cf. notre ouvrage *Le projet démocratique. Recherche kantienne*, *o.c.*

[37] Kant, *Qu'est-ce que les Lumières ?*, AK. VIII, 37, trad. J.-F. Poirier et F. Proust, GF Flammarion, Paris, 1991, p. 45.

[38] O. Tinland, « À quelles conditions une philosophie « quasi-transcendantale » est-elle possible ? : Habermas, Kant et le problème de la détranscendantalisation », *o.c.*, p. 219.

« d'emblée renvoyée à un fait de raison », pèserait le « soupçon d'un paralogisme ethnocentriste »[39].

*

Si la question proprement philosophique est la question : « Qu'est-ce que l'homme ? »[40], il s'agit donc de définir l'humain en son « être ». Or, la « connaissance pragmatique [« tend à l'exploration »] de ce que l'homme, en tant qu'être de libre activité, fait ou peut et doit faire de lui-même »[41]. À la « pragmatique [...] déterminante »[42] (« déterminer », au sens kantien, ce que nous pouvons ou devons faire) doit s'articuler la dimension propre à la faculté de juger réfléchissante (au sens kantien), ce qui renvoie à l'Idée transcendantale pratique du sens commun (cf. *supra* ce IV) comme présupposition de la possibilité de « consentir » (cf. *supra* ce IV), de la possibilité de l'« intercompréhension »[43], dans la « réflexion » comme dans la « détermination ». Cette articulation des pragmatiques de la « réflexion » et de la « détermination » constitue la pragmatique transcendantale kantienne comme « institution de l'humain par l'humain »[44].

Mais n'y a-t-il pas « divergence » entre ces « deux [...] anthropologies » que sont les anthropologies de l'« être » et du « faire »[45] ? L'homme « est »-il, si l'on entend la « [voie]

---

[39] J. Habermas, *De l'éthique de la discussion*, trad. M. Hunyadi, Cerf, Paris, 1992, p. 18, cité par O. Tinland, « À quelles conditions une philosophie « quasi-transcendantale » est-elle possible ? : Habermas, Kant et le problème de la détranscendantalisation », *o.c.*, p. 219.

[40] Kant, *Logique*, AK. IX, 25, trad. L. Guillermit, Vrin, Paris, 1982, p. 25.

[41] Kant, *Anthropologie du point de vue pragmatique*, AK. VII, 119, *o.c.*, p. 83.

[42] J.-M. Besnier, « Pour une communication sans concept », *Réseaux*, volume 9, n° 46-47, 1991, p. 32.

[43] *Ibid.*

[44] V. Descombes, « En guise d'introduction. Science sociale, science pragmatique », *Critique*, tome 47, n° 529-530, juin-juillet 1991, p. 421.

[45] D. Sardinha, « Différence entre l'anthropologie pragmatique et l'anthropologie métaphysique », *Rue Descartes*, 2012/3, n° 75, p. 52.

de l'être » comme ce qui « essentialise » « l'humain »[46] ? Faut-il concevoir une « essence » proprement humaine, au sens de ce qui déterminerait (tel le déterminisme de la nature, cf. l'antithèse de la troisième antinomie de la raison pure) l'homme à penser, à agir, à « [développer] [...] [les] « germes » de perfectibilité déposés »[47] « dans [sa] nature »[48] ?

À la vérité, le « jugement synthétique *a priori* » (nous songeons ici particulièrement à celui qui fonde la philosophie transcendantale) est un « jugement génétique » (épigénétique, cf. *infra*) au sens où « [l']universel se construit [...] comme [...] essence »[49].

S'agissant du domaine pratique, Dieu ne crée pas des êtres qu'il « [déterminerait] » à un « libre usage de leurs forces »[50] (cf. *infra*), mais des êtres qui « ne [peuvent] jamais éviter [...] [d']entendre » la « voix » de la « conscience »[51] et dont la « vocation »[52] est d'obéir à la loi morale, incréée[53], c'est-à-dire qui n'a d'autre « source » que la « liberté »[54],

---

[46] *Ibid.*, p. 55.

[47] H. F. Klemme, « La pratique de la moralité. Le lien entre théorie et pratique dans la philosophie pratique kantienne », trad. D. Baric et C. Helmreich, *Revue germanique internationale*, 6/1996, p. 150.

[48] M. Morais, « La vocation pédagogique de l'histoire chez Kant et son horizon cosmopolitique », *Archives de philosophie*, 2003/4, Tome 66, p. 615.

[49] A. Philonenko, « Kant et l'universel », *Le Philosophoire*, 2009/1, n° 31, p. 136.

[50] Kant, *La religion dans les limites de la simple raison*, AK. VI, 142, *o.c.*, p. 235.

[51] Kant, *Métaphysique des mœurs* II, *Doctrine de la vertu*, AK. VI, 438, *o.c.*, p. 295.

[52] Kant, *La religion dans les limites de la simple raison*, AK. VI, 143, *o.c.*, p. 235.

[53] A. Grandjean, « « Volonté pure » et « volonté de volonté ». Critique et métaphysique du vouloir », *Revue de métaphysique et de morale*, 2012/2 (N° 74), p. 192.

[54] O. Höffe, *Introduction à la philosophie pratique de Kant*, trad. S. Gillioz, Vrin, Paris, 1993, p. 269.

donc que *ma* liberté[55] ; en ce sens, il ne peut y avoir qu'« autoposition du Moi comme Liberté, comme Sujet moral »[56].

Ainsi, l'« humain n'*est* pas »[57] au sens d'un être « figé » « [métaphysiquement] » (le « métaphysique » s'opposant ici au « pragmatique »)[58] ; il « a à être son être », à le « [devenir] »[59], ce qui s'entend, chez Kant, dans la double perspective de l'épigenèse et de la philosophie morale.

Le « [désenveloppement] »[60] architectonique de l'Idée d'humanité est épigénétique, l'épigenèse de la raison produisant (en le « [forgeant] selon une Idée ») un « schème » qui, tel un « germe originaire », renferme la « diversité et [...] [l']ordre intrinsèques des parties qui [sont] déterminés *a priori* [soit épigénétiquement] à partir du principe de la fin »[61]. Ce « schématisme » architectonique est l'œuvre d'une épigenèse qui s'articule, nous l'avons montré ailleurs[62], à la faculté de juger réfléchissante, ce qui marque la liberté, l'initiative, la recherche, de l'esprit dans la production et la transformation du transcendantal.

En outre, la production « [spontanée] »[63] des *a priori* transcendantaux (et de l'Idée « rationnelle *a priori* »[64] de l'humanité elle-même) se fonde, selon l'usage pratique de la

---

[55] Cf. notre ouvrage *Kant. Une sagesse pour notre temps*, *o.c.*, p. 72.

[56] J. Maréchal, « L'aspect dynamique de la méthode transcendantale chez Kant », *Revue néo-scolastique de philosophie*, 42e année, Deuxième série, n° 63, 1939, p. 375.

[57] D. Sardinha, « Différence entre l'anthropologie pragmatique et l'anthropologie métaphysique », *o.c.*, p. 56.

[58] *Ibid.*

[59] *Ibid.* (D. Sardinha se réfère à S. de Beauvoir, *Pyrrhus et Cinéas*, Gallimard, Paris, 1974, p. 300).

[60] Kant, *CRP*, AK. III, 540, *o.c.*, p. 676.

[61] *Ibid.*, AK. III, 539, *o.c.*, p. 674.

[62] Cf. nos ouvrages *Qu'est-ce que la philosophie ?*, *o.c.*, p. 60-62, et *L'institution kantienne de l'humanité*, *o.c.*, p. 38-40.

[63] Kant, *CRP*, AK. III, 128, *o.c.*, p. 219.

[64] M. Morais, « La vocation pédagogique de l'histoire chez Kant et son horizon cosmopolitique », *o.c.*, p. 606.

raison, dans l'Idée de la « destination [...] de l'être humain »[65]. Cette Idée est fondée (sur le mode du jugement réfléchissant) dans l'Idée du contrat d'humanité, qui est la présupposition transcendantale la plus originaire du criticisme, et elle est impliquée nécessairement par la théorie de la loi morale (cf. *supra* III). L'Idée de la destination de l'être humain se conçoit donc comme fondée le plus originairement (sur le mode du jugement réfléchissant) dans l'« héautonomie »[66] de la philosophie critique.

Ainsi, l'être humain ne saurait se concevoir comme un « individu qui se fabrique dans une pratique de soi »[67], dans un « devenir », qui n'« [obéiraient] » pas « à une vocation qui le guide (une *Bestimmung* [...]) »[68]. L'être humain « est » donc ce qu'il *doit* « faire » de lui-même : tel serait le sens de la pragmatique transcendantale kantienne.

*

L'Idée kantienne de la philosophie peut être pensée comme celle d'un espace public, républicain (cf. *supra* ce IV), de réflexion (au sens du jugement réfléchissant) sur l'Idée pratique du sens commun comme Idée transcendantale d'un contrat d'humanité (cf. *supra* ce IV). Un examen de la légitimité de la philosophie critique doit alors porter précisément, comme nous allons le montrer, sur la pensée kantienne d'un « intérêt »[69] de la raison, à entendre comme « intérêt » « [suprême] »[70] (au sens moral) de l'humanité.

---

[65] Kant, *CRP*, AK. III, 543, *o.c.*, p. 679.
[66] Kant, *CJ*, AK. V, 185, *o.c.*, p. 165.
[67] C. Chevalley, « La connaissance a-t-elle un sujet ? Un essai pour repenser l'individu », *Revue européenne des sciences sociales*, 2002/3, p. 26. [En ligne], mis en ligne le 01 décembre 2009. URL : http : //journals.openedition.org/ress/570
[68] D. Sardinha, « Différence entre l'anthropologie pragmatique et l'anthropologie métaphysique », *o.c.*, p. 58.
[69] Kant, *CRP*, AK. III, 522, *o.c.*, p. 658.
[70] *Ibid.*, AK. III, 543, *o.c.*, p. 678.

L'« intérêt moral [...] consiste exclusivement dans le respect porté à la loi »[71], loi qui manifeste la présence de l'absolu en nous[72]. Mais si « tout respect pour une personne n'est à proprement parler que du respect pour la loi »[73], l'absoluité de la loi peut être pensée comme fondation *absolue* d'une légitimation de l'Idée de la « valeur absolue » de la « personne »[74] et de celle du « droit des hommes », cette « prunelle des yeux de Dieu »[75].

Si l'Idée fondatrice de l'entreprise critique est l'Idée d'un « contrat [...] dicté par l'humanité » (cf. *supra* ce IV), la « fondation du principe moral », chez Kant, n'est pas seulement « renvoyée » à « un fait de raison »[76], ou, du moins, il est possible de fonder (sur le mode du jugement réfléchissant) l'Idée même de ce « fait » dans l'Idée criticiste du contrat d'humanité.

L'Idée du contrat d'humanité ne se légitime pas dans une perspective « pragmatique » au sens où cette Idée serait celle qui favorise le mieux l'intérêt de l'être humain quand il s'agit pour lui d'« avoir l'usage du monde », d'« [entrer] dans le jeu »[77]. Kant produit un concept d'intérêt qui ne se rapporte pas à la satisfaction de l'« égoïsme » (« pratique »)[78], à ce qui

---

[71] Kant, *Métaphysique des mœurs* I, *Fondation*, AK. IV, 401, *o.c.*, p. 71.

[72] A. Grandjean, « « Volonté pure » et « volonté de volonté ». Critique et métaphysique du vouloir », *o.c.*, p. 193. Cf. notre ouvrage *Kant. Une sagesse pour notre temps*, *o.c.*, p. 74-77.

[73] Kant, *Métaphysique des mœurs* I, *Fondation*, AK. IV, 401, *o.c.*, p. 71.

[74] *Ibid.*, AK. IV, 428, *o.c.*, p. 106-107.

[75] Kant, *Vers la paix perpétuelle*, AK. VIII, 352, *o.c.*, p. 87.

[76] Cf. J. Habermas, *De l'éthique de la discussion*, *o.c.*, p. 18, cité par O. Tinland, « À quelles conditions une philosophie « quasi-transcendantale » est-elle possible ? : Habermas, Kant et le problème de la détranscendantalisation », *o.c.*, p. 219.

[77] Kant, *Anthropologie du point de vue pragmatique*, AK. VII, 120, *o.c.*, p. 84.

[78] *Ibid.*, AK. VII, 128, *o.c.*, p. 90.

« pousse à agir »[79] « par intérêt »[80], comme on dit, mais qui ouvre à une dimension sans doute non encore explorée par l'être humain et dont on pourrait penser qu'elle est inexplorable, la dimension morale, qui consiste à agir non pas seulement « conformément au devoir », mais « par devoir »[81], étant entendu que « la conformité complète de la volonté à la loi morale est la sainteté », soit « une perfection dont aucun être raisonnable du monde sensible n'est capable à aucun moment de son existence »[82].

À la vérité, le discours de la morale peut s'entendre comme une injonction à « un progrès allant à l'infini »[83], mais aussi comme une injonction à *être* moral ici et maintenant, à agir « par devoir » (cf. *supra* ce IV). Or, soulignons, tout d'abord, que c'est cette seconde injonction qui est, chez Kant, révolutionnaire, puisque ce qui est alors visé, c'est une « révolution dans l'intention de l'homme », une « régénération », un « changement de son cœur », l'être humain étant appelé à se « [créer] »[84] tel qu'il *doit* être, pour la première fois. La théorie kantienne de la loi morale propose à l'« homme », comme « tâche toujours ouverte »[85], d'« [aller] à l'impossible », ouvrant ainsi à l'Idée de l'« espérance »[86], mais cet impossible, qui *doit* être, n'est autre, et c'est ce que nous soulignerons en second lieu, que la « [possibilité] » de « l'impossible »[87]. Ainsi, même si, en un

---

[79] F. Marty, *La naissance de la métaphysique chez Kant*, Beauchesne, Paris, 1980, p. 272.

[80] A. Braz, *Droit et éthique*, Publications de la Sorbonne, Paris, 2005, p. 45.

[81] Kant, *CRPr*, AK. V, 81, *o.c.*, p. 192.

[82] *Ibid.*, AK. V, 122, *o.c.*, p. 246.

[83] *Ibid.*, AK. V, 122, *o.c.*, p. 247.

[84] Kant, *La religion dans les limites de la simple raison*, AK. VI, 47, *o.c.*, p. 118.

[85] F. Marty, *La naissance de la métaphysique chez Kant*, *o.c.*, p. 275.

[86] F. Marty, « La loi morale comme commandement divin dans l'*Opus postumum* », *Criticisme et religion*, M. Castillo (sous la direction de), L'Harmattan, Paris, 2004, p. 46-47.

[87] *Ibid.*, p. 46.

sens, il est impossible d'être moral (cf. *supra* ce IV), rien ne doit pouvoir empêcher l'être humain de se convertir au bien : il le « peut » à partir du moment où « il a pleinement conscience qu'il le doit »[88], c'est-à-dire pour autant que se révèle à lui, dans la conscience de la loi morale, son « pouvoir authentique, [sa] personnalité », soit « la liberté »[89].

L'Idée criticiste du contrat d'humanité est légitime en ce qu'elle ouvre l'être humain, dans la théorie de la loi morale qu'elle fonde, à sa possibilité terrestre la plus sublime, celle de vivre le devoir (-être) dans l'« amour [*Liebe*] pratique », c'est-à-dire de l'« exécuter volontiers »[90], ce qui « [suscite] la joie [*Frohsinn*] qui accompagne la vertu »[91], la « satisfaction » purement morale, le « contentement de soi-même » (*Selbstzufriedenheit*)[92]. Ainsi, dans l'« ascétique éthique »[93], l'être humain *peut* participer « dès à présent »[94] du « règne des fins »[95], étant alors (aussi) digne (que possible) de sa « personnalité »[96]. C'est en ce sens que l'être humain est fondé à « prendre intérêt à la loi [morale] »[97]. Aussi la notion d'un « intérêt » rationnel (moral) de l'être

[88] Kant, *CRPr*, AK. V, 30, *o.c.*, p. 126.

[89] J.-P. Fussler, *in* Kant, *CRPr*, *o.c.*, note 85, p. 326.

[90] Kant, *CRPr*, AK. V, 83, *o.c.*, p. 194-195.

[91] Kant, *Métaphysique des mœurs* II, *Doctrine de la vertu*, AK. VI, 485, *o.c.*, p. 364.

[92] Kant, *CRPr*, AK. V, 117, *o.c.*, p. 240.

[93] Kant, *Métaphysique des mœurs* II, *Doctrine de la vertu*, AK. VI, 484, *o.c.*, p. 363. Cf. notre ouvrage *Kant. Une sagesse pour notre temps*, *o.c.*, p. 75-81.

[94] Kant, *CRPr*, AK. V, 107, *o.c.*, p. 228. À propos de l'Idée d'une temporalité morale et du fait que cette temporalité peut procurer une « satisfaction » morale (cf. note 92), cf. notre ouvrage *Kant. Une sagesse pour notre temps*, *o.c.*, p. 47-58.

[95] Kant, *Métaphysique des mœurs* I, *Fondation*, AK. IV, 433, *o.c.*, p.114.

[96] Kant, *CRPr*, AK. V, 87, *o.c.*, p. 199.

[97] A. Braz, *Droit et éthique*, *o.c.*, p. 45. Sur cet « intérêt » qui concerne ma « sensibilité », ma « vitalité », cf. notre ouvrage *Kant. Une sagesse pour notre temps*, *o.c.*, chapitre II.

humain doit-elle être, selon nous, au cœur de toute « discussion » (cf. *infra*) sur la théorie morale.

L'Idée du contrat d'humanité, en tant qu'elle s'articule à l'Idée du sens commun, doit être reconnue à l'œuvre non pas seulement dans le jugement esthétique, mais dans *tout* jugement (théorique et pratique). C'est-à-dire qu'en tout jugement, « chacun » doit « [attendre] et [exiger] de chacun qu'il prenne en compte » l'Idée d'une « communication universelle »[98].

L'examen philosophique de la fondation criticiste de l'humain comme Idée d'un contrat ne doit-il pas participer d'une « discussion » au sens où Kant parle de la « discussion » sur le jugement de goût ? Ne faut-il pas considérer que l'Idée de contrat « ne se […] [ramène] » pas « à des concepts déterminés », donc que l'on ne peut en « disputer », soit « [décider] » ce que l'on doit en penser au moyen de « preuves », mais que l'on peut (et doit) en « discuter », le but étant d'établir si (et pourquoi) la fondation (sur le mode du jugement réfléchissant) de l'*a priori* théorique et de l'*a priori* pratique (cf. *supra* ce IV) peut légitimement « prétendre à une validité nécessaire pour chacun »[99] ? En ce sens, c'est-à-dire envisagée en sa dimension fondationnelle réfléchissante, la théorie de la loi morale peut se concevoir comme objet de « discussion ». Cette « discussion » porterait alors sur l'Idée d'une fondation « absolue » de l'humanité dans l'Idée (morale) de liberté, soit dans la pensée de l'« absoluité » de la « loi morale »[100], et sur l'Idée d'une destination de l'être humain.

Que penser donc de la conception kantienne d'une fondation *absolue* de l'humanité, de l'Idée kantienne de l'absolu *moral* comme fondation pratique du rapport de l'être humain comme « sujet »[101], « personne » (« [fin] en

---

[98] Kant, *CJ*, AK. V, 297, *o.c.*, p. 282.

[99] *Ibid.*, AK. V, 338-339, *o.c.*, p. 326-327.

[100] A. Grandjean, « « Volonté pure » et « volonté de volonté ». Critique et métaphysique du vouloir », *o.c.*, p. 193.

[101] Kant, *Opus postumum*, AK. XXI, 27, *o.c.*, p. 215.

soi »)[102], à l'Idée de Dieu ? Précisons, à ce propos, que l'être humain n'obéit pas à l'« obligation [...] morale » « en vertu de [sa] création »[103] : s'il était déterminé par la création à « produire des actions originaires »[104], il « ne serait pas libre »[105] ; l'être humain doit être « considéré » comme toujours « déjà » « [libre] », et ce, en vertu de l'« obligation [...] morale [...] possible suivant des lois de liberté, ce qui signifie une vocation à être citoyen dans l'État divin »[106]. Précisons, en outre, que l'être humain est « l'auteur [...] de l'obligation établie par la loi », et non l'« auteur » de la loi, laquelle n'est pas « positive (contingente) et arbitraire »[107]. Précisons, enfin, que le « concept de la divinité ne résulte », pour Kant, « que de la conscience de [...] [la loi morale] et du besoin qu'a la raison d'admettre une puissance pouvant produire dans un monde tout l'effet possible en harmonie avec la fin morale suprême »[108]. Mais si la loi morale est, comme absolue[109], la fondation (au sens pratique) de notre humanité, comment penser l'absoluité de cette fondation ? Comment penser l'origine de l'absolu moral et son rapport à Dieu ? Comment donc penser la « [liberté] » de la « raison éthico-pratique »[110] ?

---

[102] Kant, *Métaphysique des mœurs* I, *Fondation*, AK. IV, 428, *o.c.*, p. 107.

[103] Kant, *La religion dans les limites de la simple raison*, AK. VI, 143, *o.c.*, p. 235.

[104] V. Delbos, *Essai sur la formation de la philosophie pratique de Kant*, Alcan, Paris, 1903, p. 167.

[105] Kant, *La religion dans les limites de la simple raison*, AK. VI, 142, *o.c.*, p. 235.

[106] *Ibid.*, AK. VI, 143, *o.c.*, p. 235.

[107] Kant, *Métaphysique des mœurs* I, *Introduction*, AK. IV, 227, trad. A. Renaut, GF Flammarion, Paris, 1994, p. 180. Cf. notre ouvrage *Kant. Une sagesse pour notre temps*, *o.c.*, p. 72-73.

[108] Kant, *La religion dans les limites de la simple raison*, AK. VI, 104, *o.c.*, p. 186, cité par M. Vetö, *De Kant à Schelling* I, Millon, Grenoble, 1998, p. 188.

[109] Cf. notre ouvrage *Kant. Une sagesse pour notre temps*, *o.c.*, p. 71-75.

[110] Kant, *Opus postumum*, AK. XXII, 122, *o.c.*, p. 174.

Par ailleurs, le discours philosophique doit-il être reconnu le plus originairement comme une « discussion », c'est-à-dire comme un discours qui œuvre (du moins en sa dimension réfléchissante au sens de la troisième *Critique*) en deçà de la « preuve » (cf. *supra* ce IV) ? Que penser donc de l'Idée de la « vérité » philosophique et de l'essence même de la philosophie ? Le problème, chez Kant, est alors celui du passage de la réflexion (au sens du jugement réfléchissant) à la détermination, de la « discussion » à la « déduction » : comment articuler l'Idée d'une fondation réfléchissante (au sens du jugement réfléchissant) du discours philosophique à l'entreprise de déduction transcendantale au sens du criticisme kantien ?

Table des matières

PHILOSOPHIE

AUX ÉDITIONS L'HARMATTAN

Dernières parutions

LA MORT
Un mot qui empoisonne la vie
Gilbert Andrieu

La mort n'est pas ce que l'on croit. Parce que nous raisonnons à partir des morts que nous observons, nous ne pouvons pas la connaître. Nous ne serons jamais immortels. La seule immortalité que nous pouvons prendre en considération est celle des atomes qui se sont associés pour nous faire exister. La raison nous a trompés pour assurer son emprise sur la matière et la mort est devenue un enjeu de pouvoir, politique ou religieux, en nous plongeant dans l'angoisse. Tout effort de fuite vers un monde fantasmatique est totalement inutile.

(Coll. Ouverture Philosophique, 216 p., 22 euros)
ISBN : 978-2-343-17374-0, EAN EBOOK : 9782140122651

ENTRE NUÉES ET LUMIÈRES
Journal, 2016-2018
Jean-Pierre Lefebvre

Alors que les nuages s'amoncellent sur l'avenir, la conviction de l'auteur n'a pas changé : l'approfondissement obstiné de la pensée rationnelle est le vecteur unique d'une survie plus heureuse. La forme du journal permet de visiter les penseurs critiques qui parviennent à percer le concert obscurantiste dominant. L'écologie, vitale, ne peut se penser sans remettre en cause une urbanisation inévitable. L'extension des processus démocratiques est la seule façon de briser la logique délétère de l'accumulation et celle de l'État parasitaire. La pensée rationnelle doit s'interroger sur ses racines et dissoudre ce qui entrave son envol pour prolonger l'héritage des Lumières.

(394 p., 38,5 euros)
ISBN : 978-2-343-15984-3, EAN EBOOK : 9782140122576

LES RACINES PHILOSOPHIQUES ET BIBLIQUES DU CORPS CHEZ SPINOZA
Julius Brown Jr

Il y a plus de 350 ans, Spinoza stupéfiait l'Europe par sa philosophie de la Nature révolutionnaire. Aujourd'hui, sa conception de l'homme, et du corps en particulier, est encore d'une brûlante actualité. En effet, on assiste à une revalorisation du corps et à la nécessité d'une plus grande symbiose entre l'homme et la Nature. Pour Spinoza, l'âme s'étonne devant la complexité du corps. Qu'est-ce donc qu'un corps ? Qui sait ce que peut un corps, son corps ? Jusqu'à quel point suis-je mon corps ? Comment peut-on devenir libre et expérimenter le « salut » ? Comment faire corps-société, si chaque corps cherche à augmenter sa propre puissance ? L'auteur cherche ici à connaître les origines de l'anthropologie de Spinoza, ses originalités et ses limites.

(Coll. Ouverture Philosophique, 314 p., 32 euros)

ISBN : 978-2-343-17610-9, EAN EBOOK : 9782140122507

GÉOCRITIQUE DE NIETZSCHE

France, Allemagne, Europe et au-delà

Angelika Schober

Préface de Bertrand Westphal

La géocritique de Nietzsche permet de comprendre sa pensée grâce aux pays, régions et villes du monde qui comptent pour lui. Outre la France, l'Allemagne et l'Europe, son regard englobe des espaces extra-européens : l'Inde, la Chine, l'Islam. L'actualité l'intéresse autant que l'histoire, et parmi les paysages, la Haute Engadine n'enchante pas moins que la Méditerrané et le désert. Nietzsche fait découvrir ces lieux par l'intermédiaire des personnes qui les habitent. Sa démarche révèle des contrastes et se caractérise par le désir de dépasser les frontières pour accéder à l'interculturalité. Ouvrant des horizons nouveaux, elle reflète aussi l'héritage des Lumières et du classicisme allemand.

(Coll. Ouverture Philosophique, 180 p., 19 euros)

ISBN : 978-2-343-17111-1, EAN EBOOK : 9782140121609

PENSER LA PHILOSOPHIE DE PLOTIN TOME II

Visée argumentaire des traités

Soeur Gilles Aimée Cisse

Préface de Placide Mandona

"La pensée de Plotin, telle qu'argumentée par la soeur Gilles Aimée Cisse dans ce deuxième tome, élucide en explicitant l'écho formidable de ce philosophe compliqué, mais toujours compris et aimé tant par les Pères de l'Église que par les théologiens médiévaux. L'auteure nous enracine dans l'extase plotinienne, pur mouvement de l'intelligence malgré sa faible différence à la révélation, acte de Dieu. " (Extrait de la préface de Placide Mandona)

(Coll. Harmattan Sénégal, 270 p., 22 euros)

ISBN : 978-2-343-17239-2, EAN EBOOK : 9782140122552

PENSER LA PHILOSOPHIE DE PLOTIN TOME I

Autour des cinquante-quatre traités

Soeur Gilles Aimée Cisse

Préface de Placide Mandona

Cet ouvrage nous plonge dans une recherche difficile et exigeante de l'histoire de la pensée philosophique ancienne et se donne pour objet l'examen de la philosophie de Plotinus (205-270 apr. J.-C, philosophe gréco-romain de l'Antiquité tardive). Cet examen s'accompagne, eu égard aux différents thèmes développés dans les Ennéades, de l'étude approfondie de tous les cinquante-quatre traités, avec une attention particulière sur des idées qui mettent en évidence l'originalité de la pensée de Plotin, à partir de Platon et d'Aristote : la nature de l'intelligence et l'au-delà de l'intelligence, à savoir l'Un.

(Coll. Harmattan Sénégal, 290 p., 24 euros)

ISBN : 978-2-343-17238-5, EAN EBOOK : 9782140122378

PENSER LA PHILOSOPHIE DE PLOTIN TOME IV
L'interprétation de la philosophie de Plotin
Soeur Gilles Aimée Cisse
Préface de Sidy Diop

«...Les enseignements de Plotin que Soeur Gilles Aimée Cisse nous propose de redécouvrir interpellent nos consciences agitées et anxieuses tout en s'offrant à notre méditation comme une invite salutaire à remettre les boeufs avant la charrue. Ainsi, ils nous permettent de nous remémorer la mythique parabole de l'attelage ailé de Platon où les passions irascibles et concupiscibles représentées par le cheval rétif sont placées sous le joug du cocher symbolisant l'intelligence. Toute autre inversion de ce dispositif risque d'entraîner la dispersion et la chute de l'âme humaine...» (Extrait de la préface de Sidy Diop)

(Coll. Harmattan Sénégal, 224 p., 20 euros)
ISBN : 978-2-343-17241-5, EAN EBOOK : 9782140122354

PENSER LA PHILOSOPHIE DE PLOTIN TOME III
Les fondements de la philosophie de Plotin
Soeur Gilles Aimée Cisse
Préface de Placide Mandona

"Avec ce vre qui explicite les fondements de la pensée de Plotin, la soeur Gilles Aimée Cisse nous montre le chemin sûr d'une compréhension indiscutable, elle approfondit la substance du mariage hypostatique autrement, bref, elle ouvre une nouvelle grille de compréhension plotinienne. Pour parachever Plotin, l'enjeu principal de ce formidable opus est de parfaire le chemin philosophique ancien, aller à l'ultime moment de la pensée et méditer sur le socle de la réalité existentielle dans sa configuration existentiale." (Extrait de la préface de Placide Mandona)

(Coll. Harmattan Sénégal, 268 p., 22 euros)
ISBN : 978-2-343-17240-8, EAN EBOOK : 9782140122361

DU SENS DE L'HUMANITÉ
L'Oedipe-Roi de Sophocle
Essai de philosophie et de dialogue entre cultures
Dang Truc Nguyen

De nos jours, alors que la promotion de l'humanité est saluée comme la valeur essentielle de la philosophie, la tragédie grecque, donc L'OEdipe-Roi de Sophocle, est souvent invoquée comme une source privilégiée. Mais, ne serait-ce pas un déni de vérité ? Le texte et le contexte de cette tragédie ne disent-ils pas explicitement que ce qui intronise ce roi-connaissant suffisant au trône de son père, et ce qui le pousse à nouer une relation incestueuse avec sa mère, est dénoncé comme le crime originel contre l'humanité ? Ainsi, relire L'OEdipe-Roi de l'Ancien Sophocle en pensant le rejet du message de cette tragédie au cours de la tradition de notre culture occidentale, c'est repenser le défi de la pensée tragique dont le message touche à l'essence et à la dignité de tout être humain.

(Coll. Ouverture Philosophique, 276 p., 28 euros)
ISBN : 978-2-343-16779-4, EAN EBOOK : 9782140122286

LA PENSÉE TRAGIQUE

Le Prométhée enchaîné d'Eschyle

Essai de philosophie et de dialogue entre cultures

Dang Truc Nguyen

Plus d'un des penseurs des Temps Modernes tels Goethe, Nietzsche ainsi que leurs héritiers se sont réclamés de l'autorité d'Eschyle, surtout de son oeuvre Le Prométhée enchaîné, pour justifier le bien-fondé de leur pensée. Or, en analysant le texte et le contexte de cette oeuvre emblématique, cet essai démontre que les maîtres du « prométhéisme » des Temps Modernes ont ignoré complètement l'essentiel de son message et que, pis encore, ils l'ont contredit. Ce faisant, il fait découvrir les intuitions fondamentales relatives à une humanité cachée ou transcendante, laquelle se présente comme l'unique message, non seulement du Prométhée enchaîné d'Eschyle mais aussi de la sagesse de l'Antiquité grecque.

(Coll. Ouverture Philosophique, 294 p., 30 euros)

ISBN : 978-2-343-16778-7, EAN EBOOK : 9782140122293

LE NON-SAVOIR

Paradigme de connaissance

Marie-Pierre Lassus

Le non-savoir n'est pas l'ignorance mais un « dépassement difficile de la connaissance » (Bachelard) selon les poètes qui forgent les mots dont nous vivons. Ils montrent comment se défaire des théories et du savoir, désapprendre et déphilosopher (Bachelard) pour mieux vivre. Fondé sur l'errance comme méthode, le non-savoir est envisagé ici sous ses aspects méthodologique, « poéthique » et politique à l'appui des expériences de recherche-action et de recherche-création de l'auteure dans les prisons.

EME éditions (Coll. CREArTe, 18 p., 34,5 euros)

ISBN : 978-2-8066-3682-9, EAN EBOOK : 9782806651624

KANT ET LA RÉVOLUTION

Légalité et droit de révolution dans la philosophie de Kant

Roland Llinares

Kant a montré plusieurs fois sa position vis-à-vis des révolutions de son temps et de toute révolution en général. En quoi sa réflexion peut-elle nous éclairer ? La réponse en surprendra plus d'un, d'autant que Kant apparaît d'ordinaire comme un réformateur. Sous quelles conditions un droit de révolution est-il pensable ? L'est-il dans son rapport à la légalité ? Sinon, est-il envisageable en dehors de ce rapport ? Mais alors sur quelle instance rationnelle faut-il le fonder ? Pour Kant, la finalité de l'histoire universelle repose sur un jugement certain, une histoire qui utilise tous les moyens dont elle dispose pour parvenir à une meilleure fin possible, quoique non définitive. Parmi ces moyens, peut-être la révolution ?

(Coll. Ouverture Philosophique, 212 p., 21,5 euros)

ISBN : 978-2-343-17218-7, EAN EBOOK : 9782140121807

Structures éditoriales du groupe L'Harmattan

L'Harmattan Italie
Via degli Artisti, 15
10124 Torino
harmattan.italia@gmail.com

L'Harmattan Hongrie
Kossuth l. u. 14-16.
1053 Budapest
harmattan@harmattan.hu

L'Harmattan Sénégal
10 VDN en face Mermoz
BP 45034 Dakar-Fann
senharmattan@gmail.com

L'Harmattan Cameroun
TSINGA/FECAFOOT
BP 11486 Yaoundé
inkoukam@gmail.com

L'Harmattan Burkina Faso
Achille Somé – tengnule@hotmail.fr

L'Harmattan Guinée
Almamya, rue KA 028 OKB Agency
BP 3470 Conakry
harmattanguinee@yahoo.fr

L'Harmattan RDC
185, avenue Nyangwe
Commune de Lingwala – Kinshasa
matangilamusadila@yahoo.fr

L'Harmattan Congo
67, boulevard Denis-Sassou-N'Guesso
BP 2874 Brazzaville
harmattan.congo@yahoo.fr

L'Harmattan Mali
Sirakoro-Meguetana V31
Bamako
syllaka@yahoo.fr

L'Harmattan Togo
Djidjole – Lomé
Maison Amela
face EPP BATOME
ddamela@aol.com

L'Harmattan Côte d'Ivoire
Résidence Karl – Cité des Arts
Abidjan-Cocody
03 BP 1588 Abidjan
espace_harmattan.ci@hotmail.fr

L'Harmattan Algérie
22, rue Moulay-Mohamed
31000 Oran
info2@harmattan-algerie.com

L'Harmattan Maroc
5, rue Ferrane-Kouicha, Talaâ-Elkbira
Chrableyine, Fès-Médine
30000 Fès
harmattan.maroc@gmail.com

Nos librairies en France

Librairie internationale
16, rue des Écoles – 75005 Paris
librairie.internationale@harmattan.fr
01 40 46 79 11
www.librairieharmattan.com

Librairie l'Espace Harmattan
21 bis, rue des Écoles – 75005 Paris
librairie.espace@harmattan.fr
01 43 29 49 42

Lib. sciences humaines & histoire
21, rue des Écoles – 75005 Paris
librairie.sh@harmattan.fr
01 46 34 13 71
www.librairieharmattansh.com

Lib. Méditerranée & Moyen-Orient
7, rue des Carmes – 75005 Paris
librairie.mediterranee@harmattan.fr
01 43 29 71 15

Librairie Le Lucernaire
53, rue Notre-Dame-des-Champs – 75006 Paris
librairie@lucernaire.fr
01 42 22 67 13